穿越歷史
遊灣區

廣州

五羊銜穀・南國名都

U0109110

小白楊工作室 / 策劃

陳萬雄 / 主編　　劉集民 / 編撰

中華教育

序　舊邦新命的大灣區

以珠江三角洲為核心的「大灣區」，從地理範圍以至歷史文化，與「珠三角地區」、「廣府地區」、「嶺南地區」相差不遠。「大灣區」這張新名片，其實是歷史文化悠久的「舊邦」，是國家發展宏圖而賦予新的使命。

追溯幾千年的中國歷史進程，或者從世界文明史的角度，「嶺南地區」、「廣府地區」、「珠三角地區」，在推動歷史的發展、文明的創造，一直擔當過重要的角色。以珠三角洲為核心的「嶺南文化」，乃中國「一體多元」的民族和文化結構體系的重要一元。但長久以來，普遍視之為中土的邊陲地區，屬邊緣文化。這樣的認識既不完整，也不充分，更不能從「嶺南地區」、「廣府地區」、「珠三角地區」歷史文化的本身，去說明它在建構中國歷史文明上曾起過的重大作用。

先秦時代的「嶺南」，也稱為「南越地區」，是一個大區域概念，包括了現在廣東、廣西和越南北部等地方。《呂氏春秋》統稱在其地的族羣為「百越」。「百越」各族羣在四五千年前，就先後建立了許多方國。其中以今日廣州為中心的地區稱為「番禺」。進入戰國時期，嶺南地區新崛起了「西甌」與「南越」兩個方國，逐漸吞併其他細小的方國，佔據了整個嶺南地區。

秦始皇統一六國之後，在始皇二十八年（公元前 219 年），派大將屠睢、任囂、趙佗率兵南征嶺南。及後於公元前 214 年，將整個嶺南地區納入秦朝的版圖，並設置了桂林郡、象郡和南海郡，奠定了今日嶺南的基本範圍。公元前 209 年，中原爆發反秦起義，南海郡尉趙佗乘秦亡之際，封關絕道，兼併嶺南三郡而建立了南越國。南越國作為一個地方政權長達九十多年，到西漢漢武帝才重歸中央政府的管轄。自此，嶺南地區一直納入中央王朝直接的管轄區域。

早在東漢起，每逢中原喪亂，中原居民就會大量南遷，輾轉流寓於珠三角洲。珠三角洲逐漸發展成為漢族居民為主體的地區。人口大量增加之外，也帶動了珠三角洲地區的經濟發展，文化教育進步，並與當地本土文化風俗進一步融合，逐漸形成自成特色的嶺南文化。唐以後，中國發展中心南移，嶺南地區尤其珠三角地區，在中國歷史的發展中顯得愈益重要。

隨着近世世界海航的打開，洲際貿易開通。珠三角洲地區成為了中國最早與世界海洋交通和洲際商貿的前沿地區。由於洲際貿易的開通，文化交流也日漸頻密起來。在珠三角地區，我們仍不難見到其間留下的物質與非物質的文化交流的遺跡，是洲際文化交流的實物證據，也成為中國與世界的珍貴文化遺產。

19 世紀，面對西歐工業化而啟動的近代化和帝國主義向外侵略的大潮，珠三角洲也是中國最早受到侵略與最早步趨近代化的地區。在這樣的世界大歷史背景下，珠三角洲地區在近百多年中國歷史變革運動中，一直擔當了重要的角色，從而影響了全國歷史的發展。

到了 1970 年代、1980 年代，中國開始對外開放，實行四個現代化，珠三角洲再次成為了中國開放的先驅與推動現代化的前沿地區。在短短幾十年間，創造了人類歷史與文明發展的一個奇跡，至今仍方興未艾。

以上簡單的素描，旨在指出「嶺南地區」、「珠三角洲」、「大灣區」，是認識中國歷史文化以至人類世界文明的發展，不可忽略的地區。

嶺南文化，承襲中原文化之精粹，融和本土之根本，廣納四海之新風，融匯昇華，自成體系；並以多元、務實、開放、兼容、創新等特點，在中華文化之林獨樹一幟，是中華民族燦爛文化中最具特色和活力的地域文化之一。這是我們應該認識的。以嶺南文化為核心的大灣區，在未來的發展中，自能發揮重大的作用。這是我們所期望和努力的。這就是我們編撰這套《穿越歷史遊灣區》系列的目的。

主編　陳萬雄博士

2024 年 5 月

導言

五羊銜穀、南國名都——廣州

廣州萬里途，山重江逶迤。行行何時到，誰能定歸期。

——唐·韓愈《送李翱》

直到唐朝，廣州在中原士人眼中仍是萬里之外南陲之地；但是這座南陲明珠的建城史至今已有兩千三百餘年了。作為嶺南地區的首府和樞紐，廣州除了有優越的入海口，還擁有珠江的支流和陸上通道與廣東的腹地緊密連接。這種位置對溝通中外遠勝過很多內地城市，讓廣州成為中國歷史上唯一長盛不衰的對外貿易城市。

目錄

第三章　交流印記

第四章　商都印記

第五章　安居印記

第六章　百工印記

第七章　海貿印記

第一章。

先秦

在先秦古籍中，中原對東南沿海諸多部落常稱之為「越」。又由於這片區域部落紛雜，也被稱為「百越」或「諸越」。嶺南作為地理概念，則包含了現在的廣東、廣西、海南、香港、澳門和越南北部地方。

南越作為一個族羣，西周時期便形成。當時文獻上所記載的「倉吾」、「南蠻」、「南甌」、「產里」、「駱越」、「雕題」、「南海」等，主要就是指聚居於嶺南的越人。

印記

這些越人在《呂氏春秋》中被統稱為「百越」，他們在四五千年前就先後建立了許多方國（部落聯盟的城邦）。如最早建立的「蒼梧古國」，勢力最大的時期佔據了廣東北部、廣西東北部、湖南東部和南部。同時還有以惠州為中心的「縛婁國」，以清遠為中心的「陽禺國」，以廣州為中心的「番禺國」等。

進入戰國時期，嶺南新崛起了兩個方國：「西甌」和「駱越」。他們逐漸吞併小的方國，佔據了嶺南，並與閩、吳、越、楚等國關係密切，交往頻繁。這時是嶺南地區方國時代的鼎盛時期。

五羊銜穀、
萃於楚庭的傳說

在周代，楚國和百越族羣關係非常好，百越也臣服於楚國，還修建了一座「楚亭」來表達雙方的友好。自此廣州也有了「楚庭」這個名稱。

晉人裴淵曾作《廣州記》，記載了「楚時有羊五色以為瑞，因圖之於府廳矣」的傳說。到唐代以後，這個傳說的發生地點移到了廣州。相傳大約在周代，廣州地區發生了嚴重的自然災害。困頓之中的某天，在南海的上空緩緩飄來一朵演奏着美妙音樂的彩雲，彩

▲ 廣州越秀山上「古之楚庭」牌坊

雲上有五位身着彩衣的仙人騎着口銜稻穗的五色仙羊，落在「楚庭」。仙人們將仙羊口中的稻穀作為穀種，分派給百姓耕種，並祝福了當地風調雨順，五穀豐登。自此，廣州有了「五羊城」、「羊城」、「穗城」之稱，還修建了「五仙觀」來紀念此事。

廣州越秀公園中的五羊石像

西漢時期的南越國

秦兼併六國後，在秦始皇二十八年（公元前 219 年），先後派屠睢、任囂、趙佗率軍南征嶺南。公元前 214 年將整個嶺南地區納入秦朝的版圖，設置了桂林郡、象郡和南海郡，奠定了今日嶺南的基本範圍。

公元前 209 年，中原爆發反秦起義，署理南海郡尉趙佗，乘秦亡之際，封關絕道，兼併嶺南三郡建立了南越國。到漢武帝消滅南越，一共傳承了五任國主，享國九十三年。

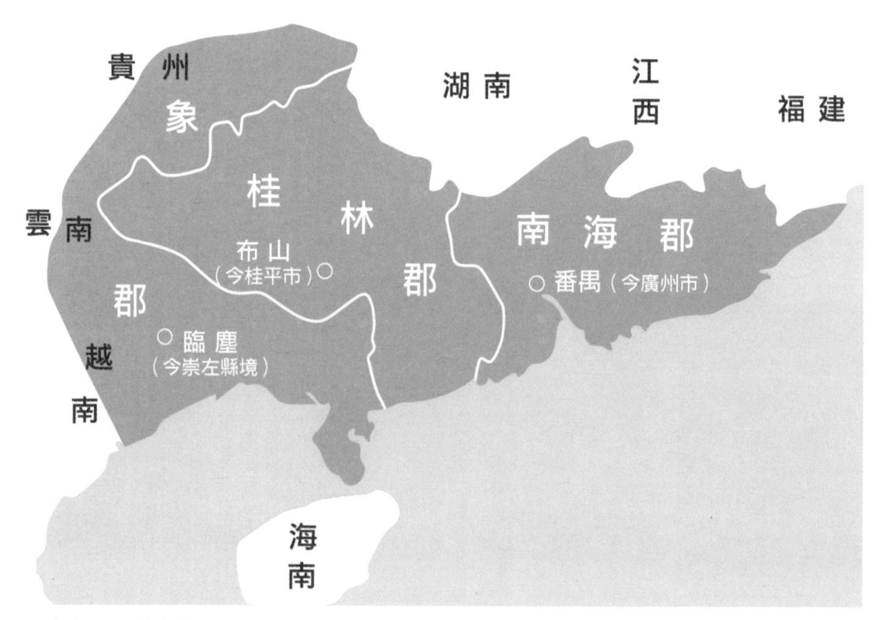

▲ 南越國疆域參考圖

南越國史

「南越國」是嶺南歷史上第一個完整的地方政權，它將嶺南社會形態從原始社會分散的部落統治，帶入封建社會的有序發展，為嶺南之後的歷史發展打下了堅實的基礎。

秦二世元年（公元前 209 年），秦朝爆發了陳勝、吳廣起義，並因此而引發了全國性的大起義。秦王朝無力南顧，南海郡郡尉任囂也沒有還朝救援，在病重之時讓龍川令趙佗代行南海郡尉的職務。趙佗當即發佈檄文要求封關絕道，斷絕與嶺北的聯繫。同時，中原大亂，桂林郡、象郡的一些越人部族亦紛紛獨立，不再受南海尉的節制。公元前 205 年通過武力鎮壓，趙佗基本上重新兼併了嶺南地區，並於次年稱王建立南越國，在險要之處建關築城。

漢高祖十一年（公元前 196 年），漢高祖派遣大夫陸賈出使南越，勸趙佗接受漢王朝的封王，歸化中央政權。在陸賈勸説下，趙佗接受漢高祖所賜南越王印綬，臣服漢朝，南越國遂成漢朝的藩屬國。

漢高后五年（公元前 183 年），呂后改變了劉邦對南越國的政策，引起趙佗不滿，於是自加尊號，稱南越武帝，不再臣服大漢。同時又賄賂閩越、西甌和駱越，使他們都歸屬南越，使南越的領地從東到西長達一萬餘里。（《史記》卷一百一十三〈南越列傳第五十三〉）

漢文帝元年（公元前 179 年），劉恆即位，命高祖時曾出使南越的陸賈再度出使南越，說服趙佗歸漢。趙佗再次接受了陸賈的勸說，除帝號，復歸漢朝。到漢景帝時代，趙佗仍向漢朝稱臣，但是在南越國內，趙佗一直竊用皇帝的名號。漢武帝建元四年（公元前 137 年），趙佗去世，其孫趙眛繼位。元狩元年（公元前 122 年），趙眛去世，謚號文王，世子趙嬰齊繼位。元鼎四年（公元前 113 年），趙嬰齊去世，其子趙興繼位，仍內附漢廷。

趙興是趙嬰齊在長安時與漢女所生，他的繼位惹起南越三朝元老丞相呂嘉的不滿，於公元前 112 年發動叛亂殺害了南越王趙興、王太后和漢朝的使者，改立術陽侯趙建德當南越王。呂嘉的行為引起漢武帝的震怒，立即派遣軍士南下，於次年擒獲呂嘉和趙建德。南越國滅亡，傳國五世，共九十三年。

▲ 今日廣州荔灣區的陸賈雕像及「開越陸大夫駐節故址」石碑

靈渠之於嶺南

靈渠位於今廣西桂林興安縣境內，是世界上最古老的人工運河之一，與四川都江堰、陝西鄭國渠並稱秦國時期的三大水利工程。

秦始皇二十八年（公元前 219 年），大將屠睢受命南征嶺南。由於補給非常艱難，秦始皇命史祿督率士兵、民夫在興安境內湘江與灕江之間修建一條人工運河。公元前 214 年，靈渠鑿成，改變了運糧草翻山越嶺、交通阻塞的困境，秦軍當年就兼併了嶺南。

靈渠溝通了長江流域的湘江與珠江流域的灕江，兩江之間不僅流向不同，連落差都有 32 米之高，在當時的條件下，靈渠全是靠人智和人力無數次的探索而建成，可以想像其工程之艱難。靈渠的結構也十分複雜巧妙，由鏵嘴（分水結構）、大天平、小天平（導流作用）、南渠、北渠、泄水天平、水涵（放水灌溉設施）、陡門（類似於船閘）、堰壩、秦堤、橋樑等多個部分組成了這條 60 多公里長的偉大工程。

靈渠的建成，連接了長江和珠江兩大水系，溝通了南北水上通道，直到今天，仍然通行無阻。自秦以來，對鞏固國家的統一，加強南北政治、經濟、文化的交流，促進各族人民的往來，都起到了重要的作用。

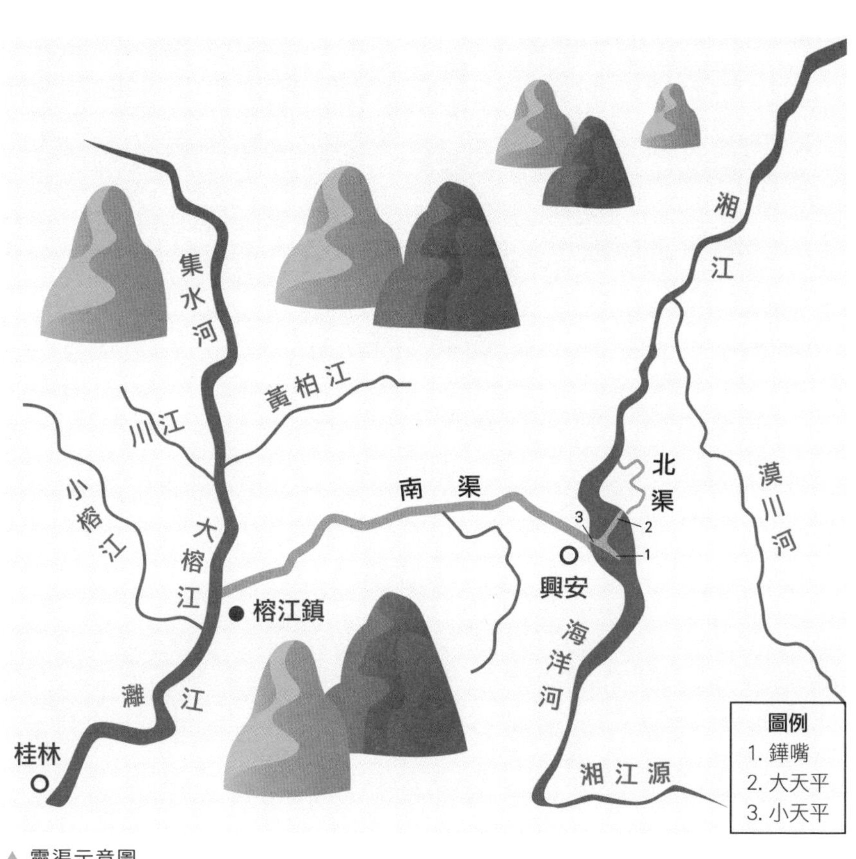
集水河
黃柏江
川江
小榕江
大榕江
榕江鎮
灕江
桂林
南渠
北渠
興安
海洋河
湘江
漠川河
湘江源
3
2
1
圖例
1. 鏵嘴
2. 大天平
3. 小天平

▲ 靈渠示意圖

第二章 史跡

印記

作為嶺南的首府，廣州擁有很多能和歷史文獻相印證的遺跡。徜徉在這些地方，我們可以窺見千年前古人的生活一斑，讓我們對廣州、對大灣區、對嶺南有一個更全面的認識。

南越王博物院（南越王墓）

1983 年在越秀山西面的工地上，建築工人在削去 17 米的土層後挖到了厚重的石板，石板下竟是一座漢代大墓。一番搶救性發掘之後，墓中出土的珍寶簡直讓世人大開眼界，也讓這座墓成為嶺南目前發現等級最高、規模最大、保存最完好的漢代石墓。

經研究，墓主人是南越國的第二位國主趙眜。之前中國考古發現的諸侯王墓大多數位於中原地區，僅這座南越王墓地處中國邊遠的南陲，甚具歷史價值。這座墓充分驗證了漢代邊遠地區與中原的諸侯王墓的喪葬禮儀存在異同，是認識西漢時期中央地區與邊陲地區的歷史文化關係的重要物證。出土的萬餘件文物也填補了文獻記載的不足，如實地反映了兩千年前嶺南地區的政治、經濟、文化和歷史等多方面的內容。

▼ 南越王趙眜墓

墓址位於現今廣州解放北路，原址上建成「南越王博物院（王墓展區）」作保護。博物院分為兩大展區，王墓展區為其一，以南越王墓為核心，基本陳列包括南越王墓原址和王墓出土文物。另一展區是王宮展區，以南越國宮署遺址為核心。

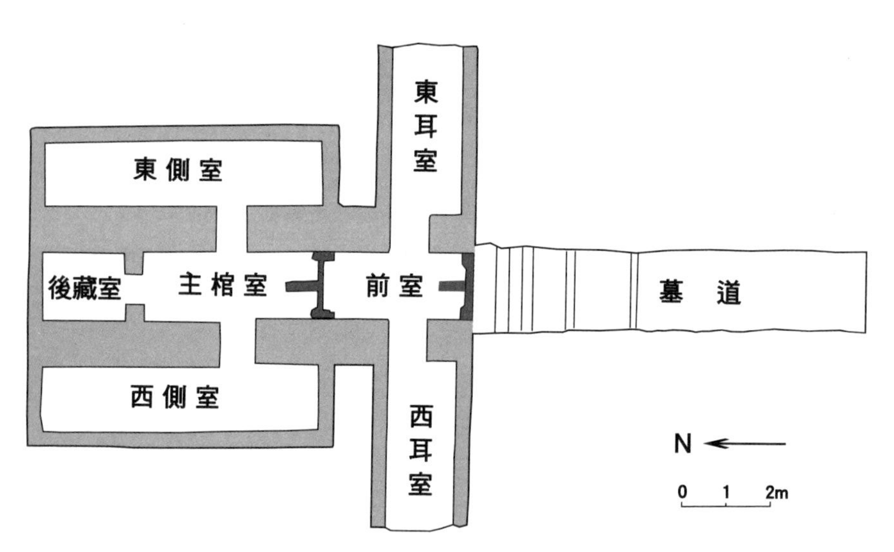

▲ 南越王墓結構示意圖

▲ 南越王墓陪葬示意圖（西漢南越王墓博物館展板）

南越遺珍

南越王墓出土的文物中，以「文帝行璽」龍鈕金印、玉角杯、錯金銘文虎節、印花銅板模、平板玻璃銅牌飾等文物最具歷史、科學、藝術價值。墓中出土的文物很多都具有嶺南的特有元素，展現了當時嶺南地區的發展情況。

■「帝印」螭虎紐玉印■

據《史記》和《漢書》記載，南越國第一代王、第二代王都曾僭越稱帝，在國內使用皇帝的禮儀。這枚「帝印」為玉質，印鈕雕成螭虎形狀，裝飾有雲紋，印文所刻「帝印」二字，是對這一歷史事實的有力證據。

■「文帝行璽」龍紐金印 ■

史載天子有六璽，其中的行璽是帝王發佈詔令、冊封諸侯用的印。南越王的「文帝行璽」龍紐金印出土於墓主人的胸部位置，可見其受重視程度。這枚金印重 148.5 克，邊長 3.1 厘米，一條遊龍盤曲為印紐，是目前考古出土的研究秦漢帝王印璽制度的唯一物證。

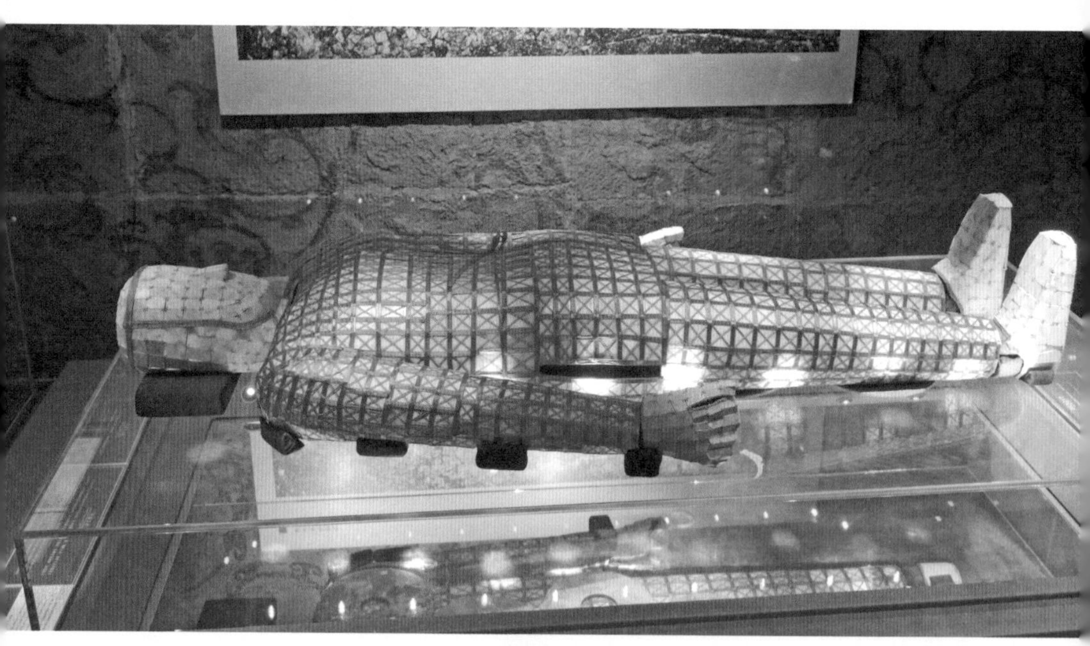

■ 絲縷玉衣 ■

玉衣也叫「玉匣」、「玉柙」，通常有金縷玉衣、銀縷玉衣、銅縷玉衣三種，是漢代皇帝和高級貴族去世時穿着的殮服。南越王的絲縷玉衣是從未見於文獻和考古發掘的新品種。玉衣長 1.73 米，共用了 2291 片玉，由絲線穿繫和麻布黏貼編綴做成。

■ 透雕龍鳳紋重環玉佩 ■

這塊玉佩堪稱中國玉璧之最。它由青玉雕刻，分為內外兩圈。內圈透雕昂首挺胸的遊龍，遊龍探出的龍爪承托外環的鳳鳥，兩環之間龍的陽剛與鳳的柔美形成一種絕妙的對比美。以精細的雕鏤、和諧的構圖成為漢代玉器中不可多得的藝術珍品，被選為南越王博物院的館徽。

■ 蒜頭紋銀盒 ■

這是一個藥盒，在它出土時，裏面還裝着一些黑色的藥丸。銀盒器用獨特的錘揲工藝所製，這種技法與中國漢代及其以前金屬器皿的風格迥異，而與西亞波斯帝國時期的金銀器有着相近之處。因此專家認為這很有可能是一件舶來品。

■ 錯金銘文銅虎節 ■

「節」，在我國古代是一種信物，是使者的憑證，用於軍事、外交、郵驛、關津（水陸關隘）等方面。這件錯金銘文銅虎節的正面有錯金銘文「王命＝車徒」（又說「王命＝車駔」），「＝」是古代常用的疊字符號，銘文可讀為「王命命車徒」。饒宗頤先生認為「車徒」可能是一種軍事類官職，虎節是調動「車徒」的兵符。這件銅虎節，也是迄今為止我國唯一發現的一件錯金銘文銅虎節。

南越王博物院（南越國宮署）

●●南越王宮署遺址是目前中國發現年代最早的宮苑實例。它的發現也是極其偶然。1975 年在這一區域考古發掘了秦代造船台的遺址，1988 年在旁邊的新大新大廈地下室工程中又發現了殘長 20 餘米、寬 2.55 米的南越國宮署大型磚石走道和以磚鋪砌的斜壁地面。礙於當時情況，沒能大規模發掘。直到 1995 年旁邊的工地內再次發現南越國的大型石構水池，才決定大規模的考古發掘。

隨後考古範圍擴大，在這片區域竟然還發掘出多個朝代的文化地層。除了南越王宮，還有東晉古井、唐代漫道、南漢宮殿（五代十國）、兩宋官署、明清布政司署等遺跡在這裏錯落交迭，讓廣州兩千年的變遷，變得生動且豐滿。

南越國宮署遺址

公元前 203 年，趙佗割據嶺南，建立南越國，在現今廣州市越秀區中山四路附近開始興建王宮御苑。至公元前 111 年，漢兵攻滅南越國，縱火燒城，令王宮淪為廢墟。這座宮苑共計使用了九十三年。如今，考古發掘讓這座埋藏地底的宮殿重現在世人眼前。

南越國宮署遺址的發現和發掘工作從 1995 年開始，目前發掘的主要收穫是南越御苑長 150 米的全石構曲流石渠，它的發現讓南越宮苑遺址成為了中國為數不多的西漢園林遺址之一。

▲ 南越國宮署考古復原示意圖

▲ 南越國石構曲流石渠

嶺南珍寶——南越木簡

2004 年，在清理南越國宮署遺址的一處水井時，意外發現了百餘枚木簡，有文字逾千。這些木簡是南越王宮的文書檔案，內容涉及財務、軍事、管理、官職、物品、制度、當時風俗、園林種植等內容，為南越國的歷史增添了極其重要的文字資料，因為珍貴，被譽為「嶺南第一簡」。

側圖右簡記錄：「張成故公主誕舍人。廿六年七月，屬將常使□□□蕃禺人。」

「廿六年」是趙佗在位的紀年，當時是公元前 178 年。「常使」是南越國的官職，「蕃禺人」則說明趙佗任用了越人作為守護的侍衛。

▲ 南越木簡（複製品，南越王博物院王墓展區藏品）

南漢宮殿遺址

2007 年，考古專家在清理南越宮苑遺址的時候，竟然發現上面疊加七個時代的文化地層，其中出土了南漢國的宮殿、池苑、佛塔基座、地下排水暗渠等遺跡，填補了由唐入宋時期的宮殿考古空白。

南漢是五代十國之一，是晚於南越國一千餘年的嶺南第二個割據政權。雖然它的歷史只有五十五年，卻數次對宮殿作了大規模的翻新擴建。

南漢國宮殿遺址雖然只挖掘了 500 餘平方米，但是從地理位置、建築規模和氣勢來看，很有可能是南漢的朝議大殿「乾元殿」。這座大殿在宋開寶四年（971 年）宋軍攻破廣州時，被南漢末代皇帝命人付之一炬。遺址一角，已足實證歷史對南漢宮殿庭苑奢華的記載。

▲ 南漢二號宮殿遺址

南漢十六獅柱礎

柱礎，是中國傳統建築中支撐柱子的底座，下圖的柱礎重約兩噸，由整塊石灰岩石雕鑿而成，下層雕覆蓮瓣，上層雕刻十六蹲獅，非常生動可愛，是罕見的建築雕刻精品。

南漢自 917 年建國，971 年為北宋攻滅，歷三世四帝。在位君主都喜大事興建宮殿。據《舊五代史》記載，城內外興建的宮殿園林「凡數百，不可悉記」。這件柱礎頂部平整，直徑達 70 厘米，上面安放的柱子也必定高聳粗壯。

▲ 南漢十六獅柱礎（複製品）

南越國木構水閘遺址

●●南越國木構水閘遺址是南越國時期的又一遺址，它位於現今廣州市越秀區西湖路。它的出土為了解漢代廣州城區的防洪設施及當時城址的佈局、結構及南城牆的位置座標提供了重要線索，也是目前世界上發現年代最早、規模最大、保存最完好的木構水閘遺址。

該水閘在建閘材料的選擇、鬆軟地基的處理、總體佈局、泄流處理、閘室穩定處理等方面都與現代的建閘原理基本相符，反映了秦漢時期的水閘建造在總體上已達到相當高水準。該水閘功能與現時水閘功能也基本相同，具有防潮、泄洪、引水多重功能。當珠江潮水上漲時，放下閘板防止潮水倒灌入城；洪水季節則打開水閘，將城中廢水排出；城中缺水時，提起閘板又可汲江水入城內。

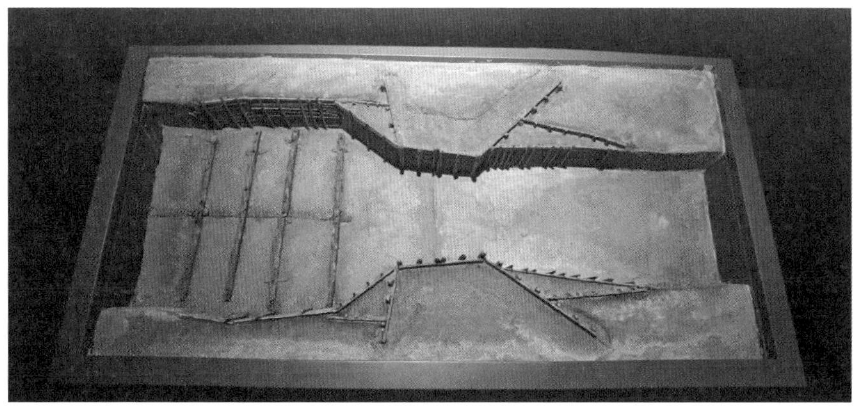

▲ 南越國水閘遺址全景模型

▲ 南越國木構水閘遺址

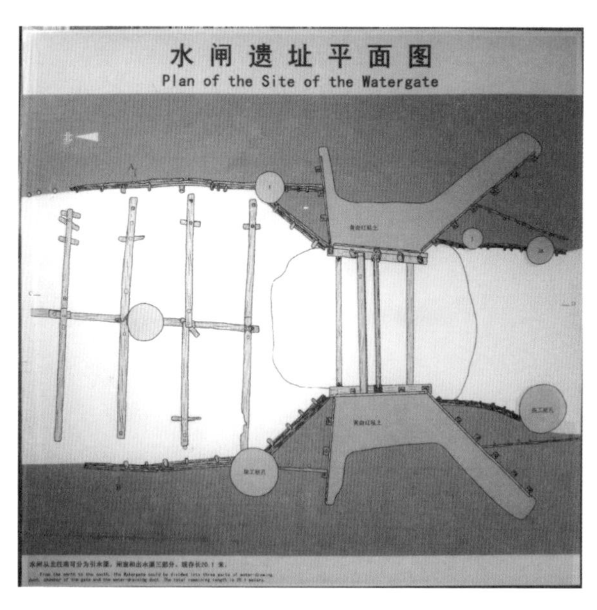

◀ 南越國水閘遺址平面圖（水閘遺址展板）

南漢二陵博物館

●●唐末，劉隱繼承了父親的封州（今廣東省封開縣）刺史之位，逐步兼併嶺南，被朝廷加封為清海節度使，成為嶺南強藩。劉隱去世後，其弟劉龑憑藉父兄在嶺南的基業，於後梁貞明三年（917 年）在番禺（今廣州市）建立了嶺南地區第二個地方割據政權，史稱南漢。南漢國最強盛的時候基本覆蓋現今廣東、廣西、海南三省和香港、澳門地區。歷四帝，國祚五十五年，至 971 年為北宋趙匡胤所滅。

五代十國的帝陵發現的其實不多，這裏的南漢陵非常傳奇。2003 年，廣州規劃在小谷圍島上興建「大學城」。動工之前慣例進行了一次考古勘探，令專家沒想到的是，剛上島就有村民報告說島上有一處叫做「劉皇塚」的大墓。到達現場後，專家們發現雜草中有一個早已門戶大開的墳塋，規模相當之大。於是趕快查閱文獻，在地方志上發現在明末落雷劈開的這座墳塋，是南漢高皇帝劉龑的墓。

數百年的墓門洞開，如今的墓室已是空空如也，專家們並不指望有甚麼重要發現。但出於研究五代墓葬形制的目的，還是堅持清理了陵墓。在最後準備收工時候，向下多挖了兩下墓道口的填土，卻意外發現了空間巨大的器物箱，箱中出土大量五代的官窯瓷器。

專家們再擴大清理，在周圍的耕土之下再次發現了「郊壇」的遺址，而「郊壇」的遺址下竟然還有另一座南漢帝陵。這座陵墓出

▲ 南漢二陵博物館

土的墓誌銘標示出前面發掘的空墳是劉隱的德陵，而最新出土的這座大墓才是南漢高皇帝劉龑的康陵。

考古完成後，廣州直接在小谷圍島的原址修建了頗具唐風的南漢二陵博物館，將兩座歷經風雨倖存至今的陵墓及出土文物進行展出，讓我們能一窺千年前的嶺南風貌。

▲ 南漢康陵遺址模型

▼ 南漢疆域圖

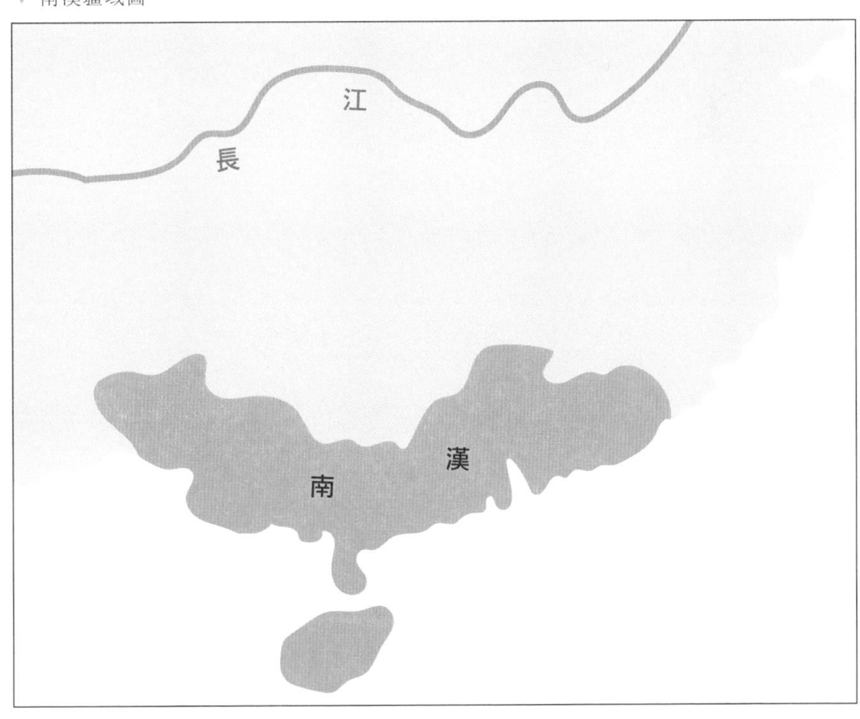

第三章。

交流

印記

隋唐時期，傳統的絲綢之路因中原、吐蕃、回紇、突厥、阿拉伯在西域爭雄而被阻斷，廣州的海上商貿之路便逐漸興起一條被稱為「通海夷道」的航線。據《新唐書・地理志》記載，通海夷道以廣州為起點，途經一百多個國家和地區，可以到達東南亞、印度洋北部諸國、紅海沿岸、東北非和波斯灣諸國，大大地促進了廣州的繁榮，從海上把中國與世界文明聯繫起來，推動着中外文化的交流和融合。

禪宗初來
——華林禪寺

禪宗是佛教的一個重要流派，其修行方法注重觀察內心，達到心靈平靜和覺醒。這種修行方式最初起源於印度，經由通海夷道傳入了中國。

▼ 華林禪寺

南梁普通七年（526 年），印度的禪宗傳承者菩提達摩，由印度出發，經歷三年的漂泊來到了廣州，在廣州的悟性寺（明代併入光孝寺）駐錫。不久，菩提達摩被梁武帝迎奉至南京，但由於話不投機，達摩北渡長江，在嵩山地區宣揚禪宗佛學，最終讓禪宗成為中國佛學的主要法門之一。

明末，臨濟宗三十二世宗符禪師到今日廣州上下九地區建立道場，被稱為華林寺。隨後，華林寺迅速崛起為當時廣州的五大叢林之一。由於華林寺前身有西來庵的舊稱，故而被人們認為這裏是達摩禪師登陸廣州的地方，成為國際佛教的聖地之一。[①]

① 陳泓澤，〈西來堂與華林寺小考——兼考悟性寺〉，《學術研究》，2005 年第二期。

中國最早的清眞寺——懷聖寺

懷聖寺位於現今廣州市越秀區光塔路，是中國現存最早的清真寺，甚至是世界上最早的清真寺之一。因寺內有圓塔高聳，故而又被稱為光塔寺。

伊斯蘭教先知穆罕默德創立伊斯蘭教不久，就派門徒宛葛素從阿拉伯半島沿着海上絲綢之路前來中國傳教。當時來廣州的中亞商人達到了十餘萬之眾，他們在各港口聚居，其居住的地方被國人稱為蕃坊。

▲ 懷聖寺內景

懷聖寺中的「光塔」

宛葛素引導僑居廣州的阿拉伯人在蕃坊中建立了這座清真寺，並以感懷先知之意，取名為「懷聖寺」，成為之後阿拉伯人在廣州重要的宗教場所。經當時朝廷的認可，蕃坊中由穆斯林長老（Shaykh）出任「蕃長」，宗教領袖伊瑪目（Imam）和宗教法官卡迪（Qadi）協助蕃長處理坊內一切公務和蕃商來華貿易的事宜。

懷聖寺是一座中國宮殿式和阿拉伯風格融合的建築。主殿為三間帶圍廊、歇山重簷綠琉璃、帶斗栱的大殿。大殿樑下還有「唐貞觀元年歲次丁亥鼎建」的題字。寺門西南隅有座阿拉伯風格的高塔。這座高塔在波斯語音讀作「邦克塔」，據説因「邦」與「光」在粵語中音近，遂誤稱為「光塔」。光塔的建築風格很有特色，高 36 米，不分層級，圓形塔身，為中國塔林所罕見。歷史上一度成為珠江廣州航道的重要燈塔，古代廣州的地標之一。

▼ 懷聖寺門樓是中式的斗栱建築

海洋貿易的橋頭堡——南海神廟

南海神廟，又稱波羅廟，位於廣州城東的黃埔區廟頭村。古時這裏位於溺谷灣北緣。當時珠江前後航道在溺谷灣匯合後向南沿獅子洋直通虎門入南海，這裏的江面曾經寬達 2500 米。早在晉代，這裏就形成了一個重要的港口——扶胥港。

隋開皇十四年（594 年），隋文帝下詔在這裏建立南海神廟，成為中國歷代王朝祭海的場所。韓愈在《南海神廣利王廟碑》記載「海於天地間，為物最巨。自三代聖王莫不祀事。考於傳記，而南海神次最貴，在北東西三神、河伯之上」，足見南海神廟的重要地位。而民間對海神的祭拜也愈發重視，在進出港口時，往往會到南海神廟祈求海神的庇佑，祈禱一帆風順、貿易興旺。

唐宋時期，扶胥港熱鬧非凡，廟內小山上的浴日亭名聲遐邇，在宋代成為羊城八景之首。不僅僅蘇東坡在這裏題詩《浴日亭》，楊萬里在《詠南海神廟》中也讚道：「大海更在小海東，西廟不如東廟雄，南來若不到東廟，西京未睹建章宮」。東廟即南海神廟，建章宮為漢代長安宮，將東廟與建章宮相提並論，可以想見南海神廟當時的繁華景象。

到了明清時期，由於東江三角洲的發育淤積，商船很難再在扶胥港靠岸，於是外港逐漸從扶胥港轉移到黃埔港，黃埔港遂取代了扶胥港成為廣州的主要對外貿易港口。

▲ 南海神廟

中華文化的包容——番鬼望波羅

唐朝經濟繁榮，文化昌盛，南方海上絲綢之路更繁忙興盛。一次，天竺（今印度）屬國波羅使者來華，因誤了歸期終老於廣州，後被封為「達奚司空」，還進入了海神廟的東廊供奉。由於他來自波羅國，帶來波羅樹[①]，種植在南海神廟，故而神廟在民間又被稱為「波羅廟」，南海神的生日也被稱作「波羅誕」（每年農曆二月十一至十三日）。

一位來自印度的「外國人」不但取得了國人的認同，甚至還成為了國人祭祀的神祇，可見中華文化的包容性之強。

後人認為朝貢使是友好使者，為他加上中國衣冠，以他生前「盼歸」的形象塑像，立於南海神廟儀門東廊並以香火祭祀。民間稱他為「番鬼望波羅」，也稱他為「波羅神」。

① 《廣東新語·木語·波羅樹》：「波羅樹，即佛氏所稱波羅密，亦曰『優缽曇』。其在南海廟中者，舊有東西二株。」當時廣人不識波羅密，故稱為波羅樹。

南海神廟內的達奚司空塑像

第四章

商都

印記

廣州，是一座綿延二千年的古城。市內不同分區各有特色和風貌。但是，廣州有着一個城市發展的祕密：自唐代後逐漸形成一條以今天北京路為中軸線的城市格局。這條中軸線，在不同時期的不同發展階段，始終是廣州城的主幹道，始終是廣州的城市中心。

如今，北京路一帶已發掘出或保存着不少的歷史遺跡，不但歷史悠久，還以其商業繁榮聞名天下，是廣州這座「千年商都」的商貿見證。

北京路

●●北京路是一條千年古道。2002 年，北京路北段出土了唐代、南漢、宋元、明清、民國五個歷史時期的十一層路面，而南段則發掘出宋代至明清時期共五層的拱北樓建築基址。出土的文物包括大量石條、牆磚，以及宋代拱北樓基址、明代拱北樓抱鼓石。遺跡現用玻璃覆蓋，原地保留。多層路面的疊加，表明了廣州古代城市中心及主要街道千餘年間一直都沒有變動。

▲ 北京路段歷代疊壓的路面遺跡

▲ 今日的北京路

北京路是廣州越秀區的一條南北向的道路，南邊抵達珠江岸邊的天字碼頭（清代官員登陸入城專用的碼頭），北邊和惠愛街中段（今中山五路）相連。1244 年，廣東經略安撫使方大琮，將原廣州城南門的清海軍樓改建為兩個門洞的大樓，因此這條路歷史上一直被稱為「雙門底」。附近店肆、民房均居雙門之下，逐漸發展為鬧市。

道路的北端是廣州歷史上的政治中心區，府學、廣東承宣布政使司、廣州將軍衙門、廣東巡撫衙門、兩廣總督府都曾在這個區域辦公。大量官僚及其隨員、家屬也多在此居住，為適應他們的消費需要，北京路的商業更為繁盛，以書坊、古董市和花市聞名。

大佛寺

北京路中段旁邊，有一座千年古刹——大佛寺。這座寺院建於南漢時期，是清代廣州五大叢林（可以掛單接眾、安僧辦道的禪宗寺院）之一。南漢開國皇帝劉龑好佛，治內大量營造佛教建築。為應天上二十八宿之數，他在廣州城東南西北四個方位各建七間佛寺，合稱「南漢二十八寺」。大佛寺，其前身就是二十八寺之一的新藏寺。

元朝時寺廟易名為福田庵，明代擴建為龍藏寺。清兵入粵，戰火熊熊，寺廟也淪為廢墟。清康熙二年（1663 年），平南王尚可喜感到當年率軍攻克廣州時殺戮太重，為安撫民心，在龍藏寺舊址重建佛寺，因寺中大雄寶殿供奉三尊銅鑄大佛像，堪稱「嶺南之冠」，由此得名「大佛寺」。

▲ 大佛寺古爾不舊，到晚間燈火如畫

到了近代，位於北京路中央的大佛寺四周都被民居和商鋪包圍，僅剩下大雄寶殿。2016 年，大佛寺弘法大樓落成啟用。傳統閣樓和塔樓的意象設計，莊嚴典雅，飄逸靈動，迅速成為廣州新的文化地標。

廣州都城隍廟

●●中國古代的城市，用土來夯築高牆稱之為「城」，高牆之外再挖深溝，有水者為「池」，無水的壕溝便是「隍」。城與隍，構成了冷兵器時代官府與「市民」最安全的保護屏障。三國兩晉時期，戰亂頻發，民間祈望庇護和平安，城隍的祭祀開始興起。至隋唐天下一統，城隍信仰逐漸開始影響全國。

各地城隍一般由歷史上的忠良賢達來擔任，也有對當地開化民智、提高民生有很大貢獻的國主名臣。據考，廣州城隍先後有明人楊繼盛、海瑞、倪岳、劉大夏，清人李湖等人。

清雍正八年，廣州城隍廟升格為管轄全省的都城隍，成為嶺南地區最大、最雄偉的城隍廟。

▲ 廣州都城隍廟

天字碼頭

▲ 天字碼頭

「天」字是《千字文》的第一個字，在傳統的古代有第一和最大的含義。天字碼頭位於北京路的南端，廣州市內珠江的北岸。碼頭在明末就出現，在清雍正時期成為官方迎送的專用碼頭，民船不再停靠。

這座碼頭見證了近代歷史的風雲變幻。1839 年，欽差大臣林則徐到廣東禁煙，就在此登岸；他赴虎門銷煙，亦在此登船。1911 年，愛國志士林覺民在天字碼頭就義，留下感人肺腑的《與妻書》。孫中山等革命志士，亦多次在天字碼頭乘船離粵或返粵。百年間潮起潮落，天字碼頭的故事也代代傳承。

書坊街

書坊街位於北京路街區，南起大南路，北聯惠福東路。書坊街的繁盛是在清初。隨着人才從北方南遷，愈來愈多文人學士寓居廣州，廣州的書院也因此達到高峯，密集程度堪稱全國之首。

北京路一帶自古是廣州的政治和商業中心，不僅有衙門，有知府、巡撫、總督的住宅，更有提學使衙門（類似今日的省教育廳）、廣府學宮、番禺學宮以及南海學宮。加上附近眾多的民間書院，印書和買賣圖書的書坊街也應運而生。

一方面，廣州成為唯一的通商口岸後，商貿愈加繁榮；另一方面，廣州遠離戰亂，社會比較安穩，促進了書坊街刻書業務的暢旺。書坊街一度成為僅次於北京和蘇州的全國第三大印刷出版中心。「廣版圖書」、「粵版圖書」聲名遠播，甚至流傳到了海外。

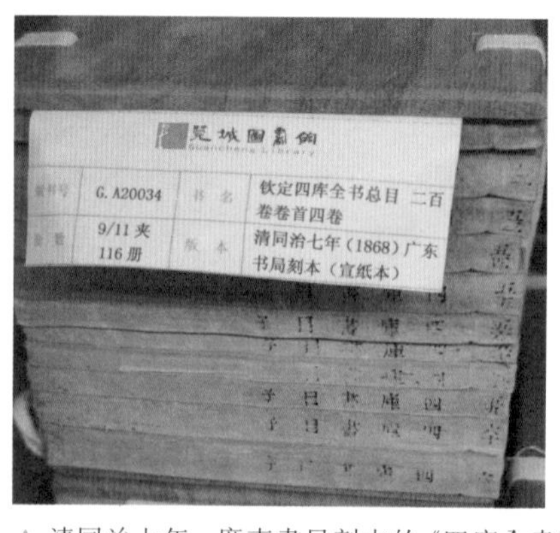

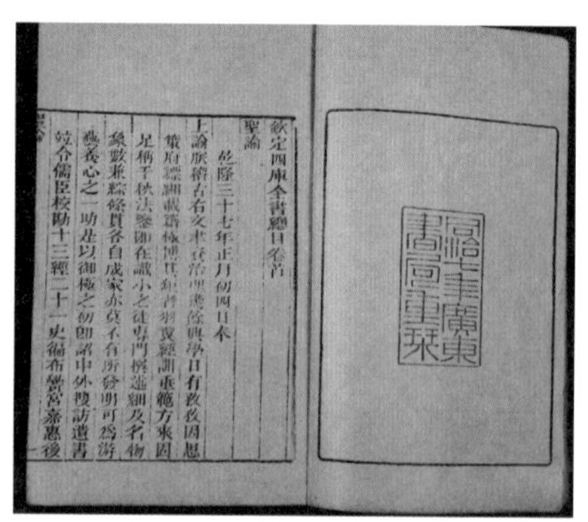

▲ 清同治七年，廣東書局刻本的《四庫全書》

這些書坊不僅出版科考和詩歌文獻等圖書，還出版迎合大眾口味的言情小說、占卜星象、生活書記、兒童啟蒙、戲曲戲劇等書籍。每日發行有關衙門動態的小報《轅門抄》，吸引做官的、做生意的市民爭相購買。

到了民國時期，廣州的出版發行業依然興盛，但刻印書坊已向印刷書局轉變。雲集在北京路轄區的出版企業達到了四十八家，佔據了廣州出版行業的半壁江山。其中不乏大光書局、時務書局、福芸樓、商業書局、維新書局、中華書局、文明書局、商務印書館、大觀書局、中原書局、世界書局、開明書店、麟書閣、守經堂等赫赫有名的企業。

解放後，北京路街區的傳統印刷逐漸衰落，書坊街也逐漸變成了「金魚街」，放學後湊在玻璃魚缸前看各式金魚，成為數代老廣州人難忘的童年記憶。現在北京路街區內仍有商務印書館和中華書局兩家百年老店舊址，舊貌依稀，訴說着過去書坊的繁榮。

▲ 商務印書館舊跡——今北京路新華書店（科技書店）

商務印書館廣州分館自 20 世紀初至今一直經營圖書業務，是北京路上具有悠久歷史的書店，也是北京路上西式風格的代表建築。

中華書局廣州分局創辦於 1912 年，該舊址大樓為民國時期建築，坐東朝西，樓高六層，首層沿街為騎樓。今為廣州聯合書店。

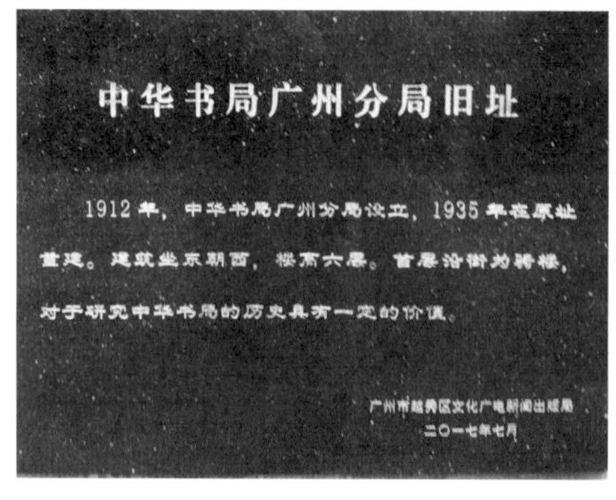

▲ 中華書局舊址——今北京路聯合書店

越秀古書院——全國罕見的書院羣

《廣州傳・儒林芳草：廣州書院史話》記述：南宋寧宗嘉定十七年（1224 年）由番禺人梁百揆創辦的禺山書院（位於今廣州北京路城隍廟西側），是廣州歷史上第一所有文字記載的書院，它與其南數百米的廣州府學、以東數百米的番禺學宮一起，形成了廣州歷史上最早的一個文教區。

到明代，嶺南名家陳獻章、湛若水、黃佐等人紛紛立説講學、創辦書院並得到官方支持，書院之風大興於世。「知府知縣蒞臨郡邑，多以創建書院為良吏政績的表徵」（劉伯驥：《廣東書院制度沿革》）。

清初政局未穩，一度在全國禁止創設書院。但隨着政權漸趨穩定及皇權教化的需要，在清廷「賜帑千金」的支持下，書院在全國逐漸恢復，廣州亦是如此，廣東各級官府都參與辦學。在今天的越秀區內創辦的書院規模愈來愈大，品質也愈來愈高。省級的粵秀書院、越華書院與府級的羊城書院，匯聚了數千人入讀；縣級的西湖書院、禺山書院也不遑多讓，競相聘請名師授徒課業，成就者眾多。粵秀山的學海堂、菊坡精舍開啟了廣東書院講求實學的風氣。廣州越秀區儼然成為了廣東的學術與文教中心。

康熙年之後，廣州商業日益繁華，商品的流通和人口移動頻繁，到廣州參加鄉試的各地學子也日益增多。於是省內各姓紛紛聯絡本縣或是多縣的同姓宗族，以「房」的名義合資，在廣州買地買房建立起宗族背景的姓氏書院，作為本姓子弟應試和因公暫居省會的場所。雖不能等同於正規的公立及私立書院，但均具備較好的文教功能，與教育有着密切聯繫。

此外，家塾、書舍、書室、書塾、學堂等，亦屬於宗族書院性質。僅僅核算北京路附近，以流水井、大馬站、小馬站為核心及周邊約三平方公里的區域內，竟集中了數百家書院，形成了一個全國罕見的書院羣，在數量上居全國之冠。

傳統書院最終隨着近代的廢除科舉，新式學堂的崛起而衰落。今日所見，這地區的書院已十不存一，或荒廢，或分割成住宅，或年久失修，或另作他用。相對保存完整而有參觀價值的宗祠書院，除了嶺南建築明珠陳家祠之外，還有流水巷的「廬江書院」（何家宗祠）、惠福東路的「青雲書院」（梁氏千乘侯祠）、中山四路長興里的「萬木草堂」（邱氏書室，康有為於廣州授徒的場所），也足可以供我們考察、體驗傳統中國行之千餘年的書院教育了。①

① 《清介書院條款家塾同例》，清咸豐三年廣州西湖路效文堂刊本。
黃泳添、陳明：《廣州越秀古書院》，廣東人民出版社，2006 年。
廣州市越秀區文聯：《廣州越秀古街巷》，廣東人民出版社，2010 年。
葉曙明：《廣州傳·儒林芳草：廣州書院史話》，廣東教育出版社，2010 年。
黃海妍：《在城市與鄉村之間——清代以來廣州合族祠研究》，三聯書店，2008 年。

▲ 康有為授徒的萬木草堂（中山四路長興里）

▲ 廬江書院（流水井巷）

第五章

安居

印記

秦之後，不斷有北方漢族居民遷入廣東。當時連珠江三角洲都還沒有完全形成，初露水面的沙洲，既是漏水的沙泥混雜的土壤，又常被洪水或鹹潮淹浸。先民們融入南越，築堰圍墾改造自然，最終把「他鄉」變成「吾鄉」。

沙灣古鎮

●●沙灣是廣州番禺的一個村鎮，是廣州市唯一的國家級歷史文化名鎮，擁有八百多年的歷史，對了解珠江三角洲村落形成有着重要的意義。

沙灣最初是一個古海灣，多是疍民和漁戶在這裏散居。到了唐宋，北邊戰火紛飛，大量的中原人士移民南下，希望「擇地而遷，以詠樂土」。沙灣也成為南遷百姓選擇的定居點。數代的先民在這裏築堤圍墾，逐漸將海灣陸化，村落也隨之形成。

到了明代中後期，南海、三水、香山開始聯手圍海造田，整個區域陸地化進程人為加速。沙灣地區因地形優勢，獲得大面積的新淤沙田。僅以大族何氏《留耕堂祖嘗契券各件匯記薄》記載：明萬曆十五年（1587 年）何氏族田僅有 14 畝，到清康熙五十七年（1718 年），百五年間已增幅到 16,049 畝，至民國九年（1920 年），族田已達 56,575 畝。從這些數據中，我們可以清楚感受到珠三角陸地化的迅速。沙灣何氏享受到陸地化開發的紅利，儼然已是豪門大族。沙灣鎮也成為珠三角「居族最鉅，燈火萬餘家」的名鎮（憨山大師，《普度庵記》）。

沙灣鎮還是一個宗族文化聚落，百分之八十的戶籍村民仍是何氏、李氏的族人。血緣的密切，也讓屋舍的分佈、習俗的延續、儒學的傳承顯得格外的古樸。今日我們再看沙灣古鎮的古祠堂、門樓、文塔、牌坊、蠔殼牆、石板街道乃至古樹、荷塘等建築，無疑是傳統嶺南村落的活標本。[①]

① 張海，〈沙灣古鎮形態研究〉，碩士論文，華南理工大學，2005 年。

▲ 沙灣古鎮

何氏大宗祠——留耕堂

●●元末之後，民間建置祠堂逐漸增多。到了明代，朝廷更是允許民間專門建立祭祀先祖的祠堂。體現宗族源脈的宗祠備受大灣區南遷移民的重視，在沙灣鎮僅何氏宗祠就修建了八十餘座（現今多數已經損毀）。[①]

留耕堂，是國家重點文物保護單位。沙灣鎮的何氏族人，自元朝至元十二年（1275 年）開始，歷時四十年才建成這座富麗堂皇的祖祠。其佈局為中軸對稱的五開五進格局，依次有照壁（已損毀）、頭門、儀門、象賢堂（與拜亭合一）、後殿四大組成部分。

整座留耕堂以柱多而聞名，共有木、石柱 112 條。柱間樑架以木雕見著，內容多為吉祥圖案和歷史故事，古樸端莊，有典雅華麗之感。此外，留耕堂的匾額也頗具價值。儀門（牌坊）上的匾額刻有「三鳳流芳」，是說何氏三兄弟在北宋政和年間都中了進士，人稱何家三鳳。象賢堂正中懸掛的「大宗伯」匾額，是紀念沙灣何族第二代官至禮部尚書太常寺卿何起龍而設。後殿匾額「留耕堂」和「三鳳流芳」匾，都是嶺南大家陳白沙所提寫。

留耕堂也多次遭到損毀，經歷了各時期的修葺，匯集了元、明、清各朝的沙灣建築工藝。成為廣州地區年代久遠、佈局嚴謹、規模宏大、造功精巧，軒敞雄偉、格調高雅的嶺南古建築的代表。

① （清）屈大均，《廣東新語》，卷十七，「族祠」條，中華書局，1997 年。

▲ 沙灣古鎮留耕堂（何氏大宗祠）

餘蔭山房

●●清代，私家園林如雨後春筍般湧現全國各地，尤其在南方形成了空前絕後的造園高潮。廣東四大名園——清暉園、可園、梁園、餘蔭山房都是在這個時期建造的。

山房故主鄔彬，字燕天，是清朝舉人，任刑部主事。清咸豐五年（1855 年），因「克襄王事」被咸豐皇帝誥授為通奉大夫，官至從二品。他的兩個兒子也是舉人，因而有「一門三舉人，父子同登科」之說。後來他看破世情，便告老歸田，隱居鄉里，於 1867 年開始興建這座園林。為紀念先祖的福蔭，同時期望子孫後代能永澤先祖的福蔭，便取「餘蔭」二字作為園名。

這座園林的佈局十分巧妙，在外面看，整座園林好像一座普通民宅，並不出奇。但步入園內就別有洞天，亭台樓閣、堂殿軒榭、橋廊堤欄、山山水水盡納於方圓三百步之中。園中之磚雕、木雕、灰塑、石雕等建築裝飾極具精巧，盡顯名園古雅之風。更有古樹參天，奇花奪目，頓使滿園生輝，令人歎服。

另外，餘蔭山房深柳堂的檀香木雕屏上刻有晚清三大才子梁山舟、張船山、翁方綱等人的詩句和乾隆大學士劉墉的書法手跡，文化氣息濃厚。

▲ 餘蔭山房全景

▲ 餘蔭山房內景

陳家祠

陳氏是廣東省的第一大姓。為了讓陳氏宗族子弟赴省城備考科舉、候任、交納賦稅、訴訟等事務能有臨時居所，清光緒十四年（1888 年）由曾任翰林院等職的東莞陳伯陶連同四十八位陳姓紳士，倡議興建陳氏書院（清代禁止在省城建合族祠，故託名書院）。這座合族祠「書院」由廣東省七十二縣的陳姓宗親共同捐資，奉「漢代太邱太祖」為始祖，至清光緒二十年（1894 年）方才落成。

陳家祠是現存規模最大的廣府傳統建築之一，也是中國現存規模最大、保存最完好、裝飾最精美的祠堂式建築，有「嶺南建築藝術的明珠」的美譽。祠堂佔地面積 15,000 平方米，建築面積達 8000 平方米，建築結構可分為三軸、三進，共有九座廳堂和六個院落。

陳家祠集嶺南建築工藝裝飾之大成，展示了嶺南建築的「三雕二塑一鑄一畫」，即木雕、磚雕、石雕、陶塑、灰塑、銅鐵鑄及彩繪壁畫等建築裝飾的高超技藝，在堂、院、廊、廳、門、窗、欄、壁、屋脊、架樑上都有體現。

廣東民間工藝博物館在 1959 年設址於陳家祠，館藏各類珍貴文物與現代工藝精品共計兩萬多件，是省內收藏明清以來廣東民間工藝精品最為豐富的藝術類博物館。藏品包括石灣陶、灰雕、磚塑、廣州木雕、象牙雕、粵繡等，涵蓋了廣東省所有已列入國家級非物質文化遺產名錄的工藝門類，是認識廣東傳統工藝的最佳去處。

▲ 陳家祠內院，遠望屋頂上有精美細緻的灰雕

▼ 廣州陳家祠

西關大屋

●●所謂西關，是明清時廣州城西門外一帶地方的統稱（今荔灣區一帶）。因靠近十三行、十八甫（今上下九路）的商業街區，在清代中後期，豪門富商在這裏營建了一大片充滿嶺南元素的大型住宅區。因為這類建築以西關一帶居多，故稱為「西關大屋」。西關大屋現存的數量，已從清末民初鼎盛時期的八百多間，留下不到百餘間了。它們是過去豪門富商的大型住宅，這些住宅高大明亮，廳園

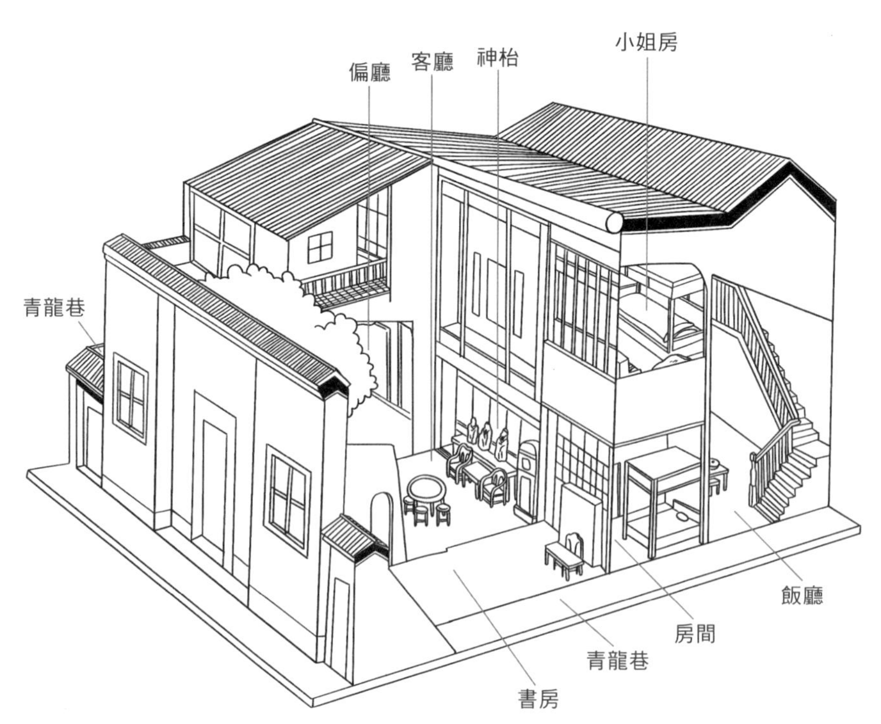

▲ 西關民俗館（西關大屋）的透壁示意圖

▲ 西關大屋傳統的紅木家具（陳家祠展出）

結合，裝飾精美。其基本佈局是三間兩廊，左右對稱，有門廊、門廳（門官廳）、轎廳（茶廳）、正廳（大廳或神廳）、頭房（長輩房）、二廳（飯廳）、二房（尾房）的劃分，閣樓還會有閨房、臥室、書房等結構。

西關大屋房間的裝修也十分講究，陳設條幅、對聯、書籍、古董、字畫、瓶花、盆栽、籠鳥、鏡枱、各種藝術品和紅木家具。精巧的木雕花飾，富有地方特色的滿洲窗和檻窗及其獨特的佈局形式，與著名的山西大屋與徽州大宅大不相同，具有濃郁的嶺南韻味。

第六章。

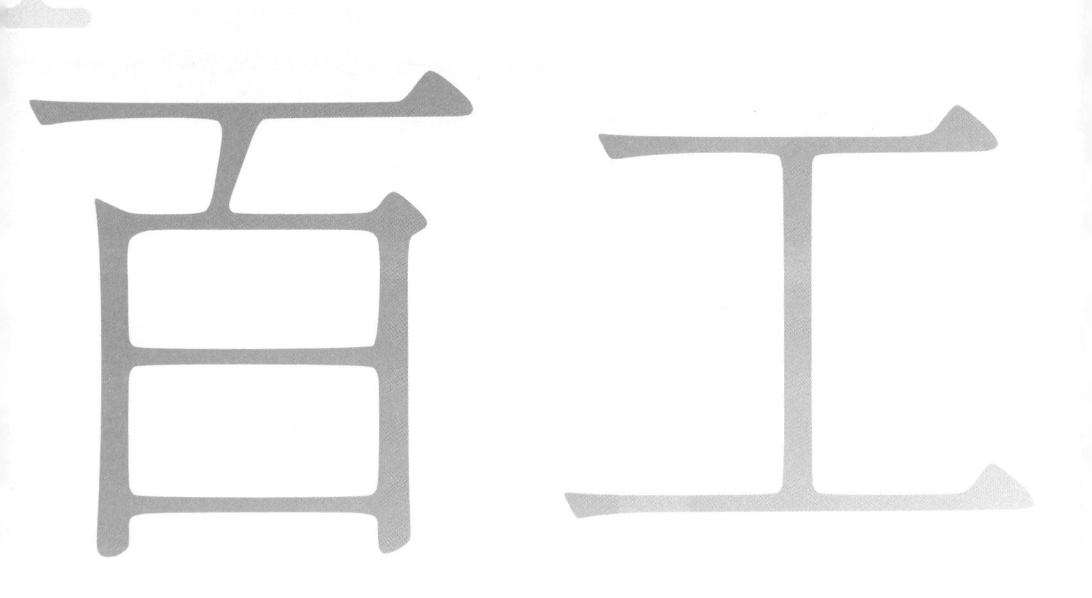

百工

印記

《周禮・考工記序》中言：「國有六職，百工與居一焉。」可見百工很早就是歷代所重視的行業。

廣東地處中國大陸南方，背山面海的大環境，再加上百越族羣和南遷移民的相互融合，註定了這裏的民間工藝會不同於內地。令郭沫若也發出：「天工人可代，人工天不如」的感慨。

石灣陶

●●石灣陶塑脊飾，又稱「石灣瓦脊」，是專門裝飾於廟宇、祠堂、會館等大型建築屋脊上的特殊工藝。它是用陶泥雕塑，鍍上明亮的釉色，再經高溫煆燒而成，不但裝飾效果極佳，而且固色耐久，非常適合南方多雨的天氣。石灣是生產這種陶塑的最佳產地。

佛山石灣陶早在唐代就開始生產，到明清成為著名的民窯之一。石灣陶的胎質厚重，胎骨灰暗，釉色厚重具有光潤。石灣窯相

▼ 傳統建築上石灣陶和灰塑的結合（攝於陳家祠）

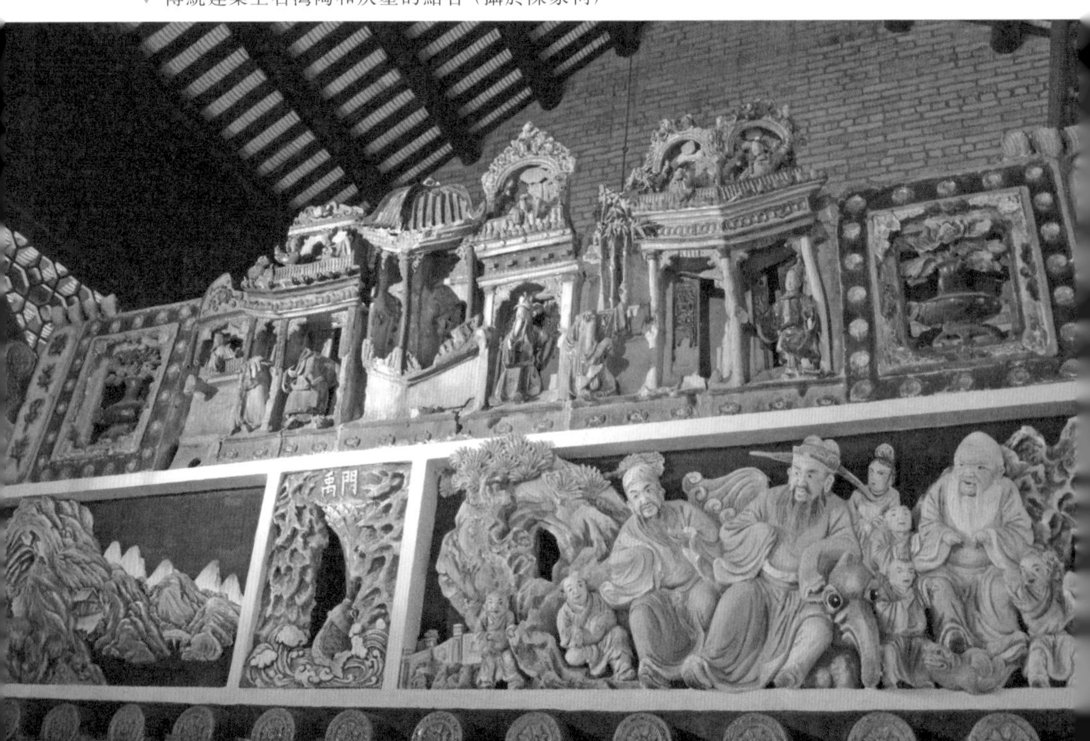

▲ 石灣陶山公

容並蓄，善於吸取各大名窯的工藝造型並在此基礎上再次創新，形成了豐富多彩、具有濃厚地方特色的藝術風格。石灣陶不僅燒製瓦脊，還生產大量的日用瓷器及各種藝術器皿、人物、動物、山公（供石山盆景點綴用的騎驢、垂釣、下棋等人物生活形象的微型陶塑）等陶塑。

灰塑

灰塑，傳統稱為「灰批」，是一種嶺南地區特有的建築裝飾方式，多用於屋脊的位置，也可配合陶塑一同裝飾。不僅立體感強，塑造內容也非常豐富。灰塑是以石灰為主要原料，混合發酵後的稻草、紙筋等纖維，逐層堆塑晾乾，成型後上色。這種工藝具有固色鮮豔、耐熱防潮、不易變形等優點，非常適合南方濕熱氣候。

灰塑工藝講究現場製作及發揮，匠師直接在建築上完成構圖、固位、成坯、塑型、定型、塗色、上彩等工序，因此幾乎每幅灰塑都是獨一無二的。

▼ 屋脊上的灰塑（攝於陳家祠）

磚雕

▲ 陳家祠外墻東壁磚雕——郭子儀拜壽

廣東磚雕主要裝飾於廣府地區傳統建築的簷牆、門楣、窗楣、神龕、墀頭等位置。多選用沙灣、佛山、東莞等地生產的上等青磚，先在磚上勾畫，接着逐塊雕刻，最後依次鑲嵌壘砌。磚與磚之間由專用黏結劑黏結，縫若細絲，組成層次清晰且內容豐富的整體畫面。

廣州磚雕的紋飾多是花草鳥獸、人物故事、詩文名句等。技法上以刀工細膩的風格見長。常以淺浮雕刻畫主體，局部進行透雕、圓雕、鏤空等手法，打造出遠觀立體感強烈，近看細節畢現的細節效果。

有趣的是，陳家祠的磚雕上還出現了「異域」的文化符號——小天使。它的出現具有重要意義，説明歐洲的文化和藝術已融入中國傳統文化工藝中。西方小天使圖案與中國傳統人物形象同時出現在莊嚴典雅的祠堂建築裏，並不突兀異常，充分顯示出中西文化的交流融匯，以及廣東「得風氣之先」的時代氣息。

▲ 磚雕上的小天使（攝於陳家祠）

上圖兩處天使磚雕位於陳家祠首進的樨頭位置。這個造型或是陳氏主動要求，或是工匠隨意裝飾。陳氏是社會的精英，深受傳統教育，如是他們主動要求，則可以看到廣州社會精神面貌已深受西方影響。工匠屬於當時的社會底層，如果是他們隨意為之，則可見西方文化的浸染之廣。更需一提的是，這幾個小天使還穿上了中式肚兜，還梳着兩個中式小髮髻，既新潮又傳統。

廣東木雕

廣州木雕是廣州「三雕」之一，素以精細、繁複、華麗而聞名。到了明清，廣州木雕發展到了鼎盛的時期，開始形成獨特的地方風格。

因廣州外貿發達，海外的貴重木材多經廣州入口。廣式木作可以非常方便獲得紫檀木、酸枝木、花梨木、坤甸木、樟木、柚木等優質木材。故而廣式木作不喜歡用拼接做法，通常會用一塊木料雕刻，給人大氣穩重之感。

廣州木雕的內容題材非常豐富，除了傳統植物類的松、竹、蘭、梅、菊、嶺南佳果，動物類的鶴、鹿、獅、羊、龍、蝙蝠、鴛鴦等，還會出現歷史故事、神話傳説等形象。同時，廣州木作講究造型、結構和裝飾上奢華和繁複，注重保留木料的天然紋理，髹漆明亮。甚至要求磨工精細，讓雕刻表面瑩滑如玉，不露刀鑿痕跡最佳，整個作品看起來粗獷而豪放，氣勢恢宏。

也因為廣州和海外的接觸很早，在木雕中常會有西方元素的題材。最常見的紋飾是一種形似牡丹四外延伸的「西番蓮」，從中可以窺見廣東社會的兼容並蓄。

▲ 陳家祠中的木雕擺設

象牙雕

●●廣州牙雕又稱南派牙雕，是以象牙為原材料進行雕刻的地方傳統手工技藝。廣州牙雕已有兩千多年歷史。

▲ 金扣象牙卮（西漢南越王墓出土文物）

按工藝技法，廣州牙雕有雕刻、鑲嵌、編織三大類。雕刻多採用陰刻、隱起、起突、鏤雕等技法，其中鏤雕最為精湛。廣州氣候温暖濕潤，象牙不易脆裂，宜於製作鑽鏤、透雕的作品，再加上原先的工藝水準，鏤雕逐漸成為廣州牙雕工藝最具特色的技藝。

到了明清時，廣州牙雕工藝與生產規模曾達到歷史高峯。清康熙海禁以後，廣州成為對外貿易的唯一港口，使得東南亞等地的象牙大量輸入廣州，為牙雕工藝提供了充足的原料，廣東牙雕也形成了自己的風格特點，其工藝遠遠超過了其他地方，成為全國之冠。

▲ 11 層孔雀象牙船・清末（攝於陳家祠）

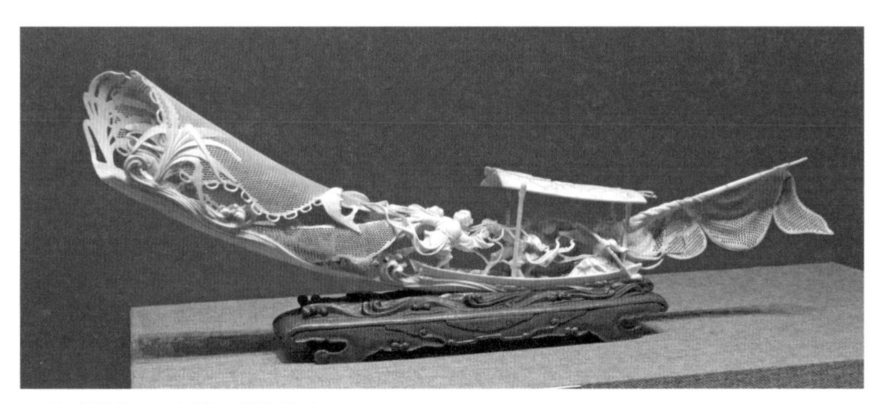

▲ 鏤雕撒網船．近代（攝於陳家祠）

據《格古要論》記載，早在宋代，廣州工匠已能製作出內有三層且層層可轉動的象牙球，被冠以「鬼工球」的美名。如今，中國工藝大師翁耀祥創下的鏤雕象牙球紀錄已達到五十七層，且層層都能轉動自如，每層還都雕有各種人物或花草，令人歎為觀止。

目前，大象作為被保護的野生動物，嚴禁獵殺。廣州象牙雕刻行業也回應保育，開始選用犛牛骨、埋藏在冰川底下的長毛象骨等材料，讓這項傳統工藝繼續傳承。

▲ 象牙球製作工藝示意

長毛象牙雕刻——五福臨門。頂端為象牙球技藝。
（廣東省博物館藏品）

廣繡

●●廣繡是以廣州為中心的珠三角地區的傳統刺繡工藝，與潮繡合稱為粵繡。與廣繡相關的文字記載最早可追溯至唐代，可見這項傳統技藝至少已有一千多年的歷史。

傳統廣繡構圖飽滿、色彩豔麗、針線細密，圖案多是嶺南風物和吉祥圖案，如孔雀、荔枝、龍鳳呈祥等。明清時期，中國絲織品大量外銷西方，促使粵繡的繁榮發展。清朝時設有專門的行會，只有男性才能加入行會，稱為「花佬」。繡工應不同羣體和場合需要，製作了品類多樣的繡品，主要有官袍朝服、衣飾、神龕用品、壽帳、日用品、屏風、會景（大型繡畫）等。既有頂級繡品入貢，也有大宗商品暢銷海外，旺盛市場需求下，廣繡極盛一時。

當前廣繡大披巾等實用品仍受海外市場歡迎，廣繡自身也在適應新時代審美，不論題材上，還是工藝針法上，都力求創新。然而廣繡市場卻是需求萎縮，廣繡技藝後繼缺人，面臨困境。2006 年，廣繡被列入非物質文化遺產，探索傳承發展之路。

▲ 廣繡白緞百鳥紋對襟氅衣 · 民國（攝於廣州十三行博物館）

▲ 百鳥朝鳳廣繡座屏・民國（攝於陳家祠）

廣州漆器

●●人們通過切割漆樹的韌皮層採集漆液，稱為「割漆」。漆液用途有多種，既有作黏合劑，也有作防腐效果的漆塗，還有藥用價值。在杭州發現的距今八千多年的跨湖橋獨木舟和漆弓，就是利用生漆作為塗料和黏合劑，這是迄今為止發現的人類最早使用大漆的證據之一。

嶺南地區使用漆器與中原地區幾乎同步，均在漢代迎來了發展的高峯。西漢南越王墓出土的漆器文物，無論從形制、數量，還是從特色來看，都表明那是一個漆器使用的輝煌年代。其中，南越王墓出土的「鎏金銅框架漆木屏風」更體現了當時成熟的漆器生產工業。

明清時期，是廣東漆器發展的高峯期，同時也是潮州金漆木雕、廣佛髹漆家具和陽江漆器的繁榮時期。到清代一口通商的十三行時期，外銷漆器更成為了西方人所鍾愛的重要商品之一。廣東輸出的漆器可謂一枝獨秀，外銷至歐洲的漆器被稱為「廣器（Canton Ware）」，並作為中國漆藝的代表而影響西方。

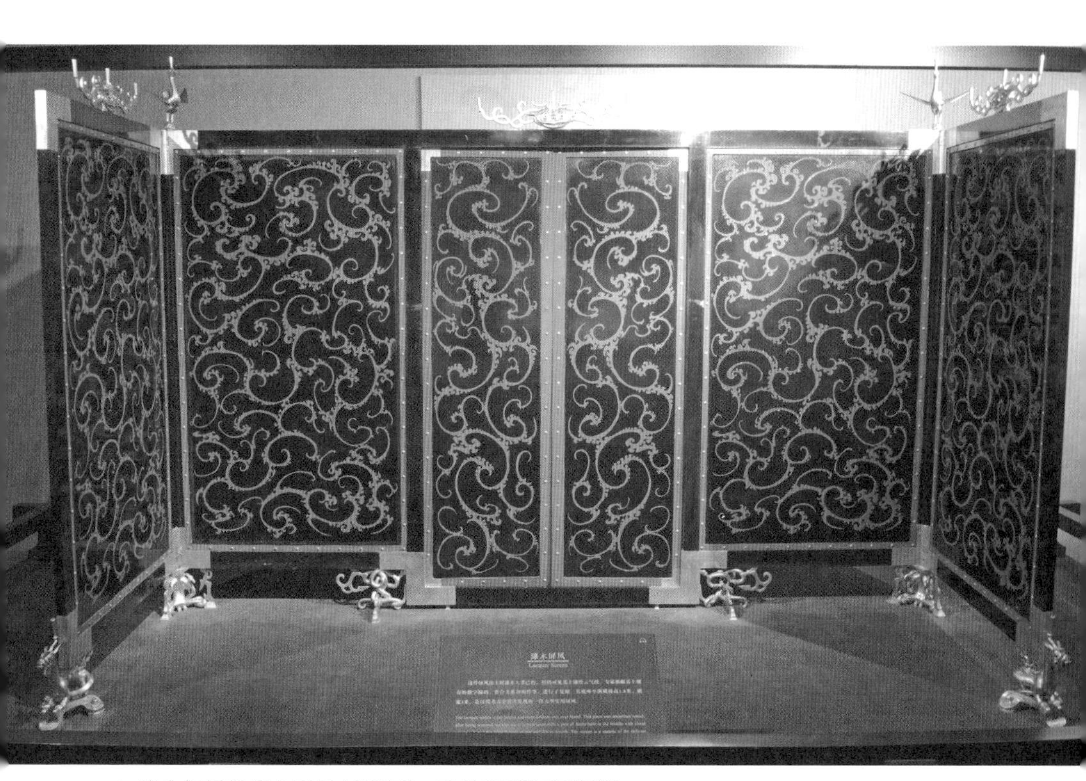

▲ 鎏金銅框架漆木屏風（修復品，南越王博物院館藏）

▲ 雕漆菊瓣紋盒・清乾隆（攝於陳家祠）

▲ 流行於歐洲的黑漆描金加彩庭院人物紋摺扇・清道光（攝於陳家祠）

「蕃禺」漆奩

這件漆奩於 1953 年在廣州西村石頭崗的一處秦代墓葬中出土，漆奩上「蕃禺」二字使用烙印銘文的工藝，是當時中原常見的傳統。「蕃禺」即「番禺」，是秦始皇三十三年（公元前 214 年）設立的縣，這件「蕃禺」銘文的文物，成為了秦朝統一嶺南地區並推行郡縣制的一個非常重要的歷史物證。[①]

▲「蕃禺」漆奩（複製品，廣東省博物館展品）

① 郭偉川，〈古番禺、南武城及南武國考——廣東與廣州古史研究〉，《歷史文獻研究》，總第 28 輯。

第七章。

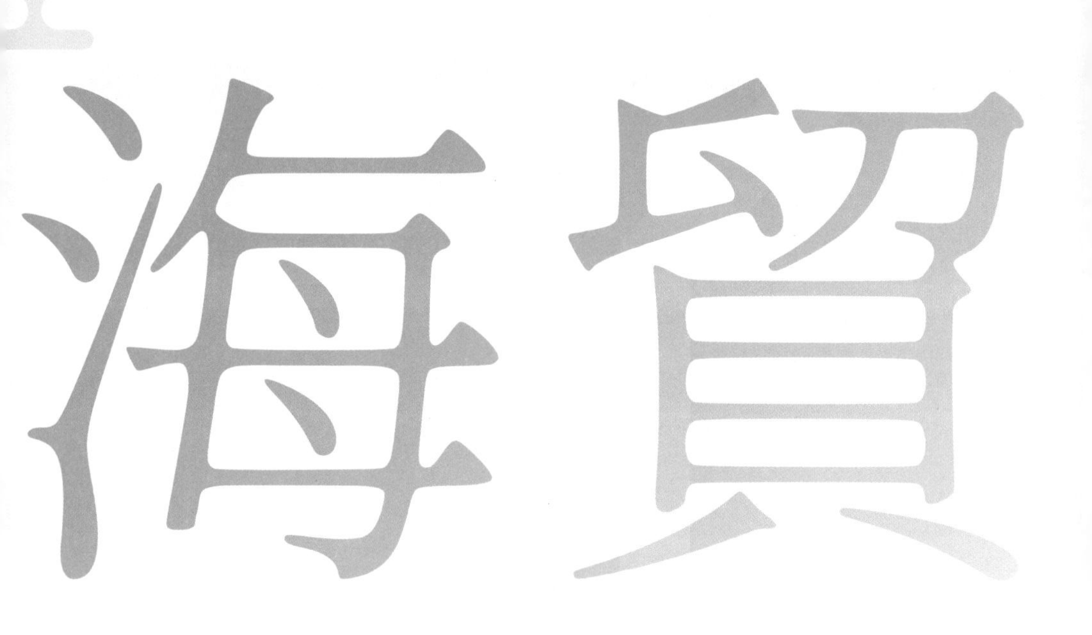

印記

在古代，因運輸的方便，傳統的商業都市多在內地河流沿線。到了唐宋，海運漸漸發達，遂勃興了如廣州、泉州、福州、杭州、揚州等沿海城市。在這些沿海的商業都市中，發展最早、資格最老的，要算廣州。

《淮南子·人間訓篇》就說「越之犀角、象齒、翡翠、珠璣」之利，故發卒五十萬為五軍，以一軍駐「番禺（廣州古稱）之都」。至唐顯慶六年（661 年），高宗李治設市舶使於廣州，專司海路邦交外貿。標誌着廣州成為中國最早開始管理海上貿易的城市。

開洋裕國

唐代社會日漸繁榮，廣州出口的物資比過去豐富，對舶來商貨的需求量也大為增加，這不僅使「廣州多蕃漢大商」，「萬國衣冠，絡繹不絕」，也誘使廣州的商人攜帶着「犀、象、珠、玉，走於四方」。到唐代末期，北方的大藩鎮截留賦稅自用，唐朝廷的財政收入大為減少，不夠支銷，基本依靠廣州的對外貿易和「舶腳」(關稅)來補助解決，可窺見當時廣州的貿易之繁盛。

宋太祖趙匡胤在平定南漢之後三個多月就復設廣州市舶司，到宋仁宗皇祐年間，廣州市舶司收入已達五十三萬緡[①]（一千文銅錢穿成一串叫一緡），成為重要的財政收入。

宋室南渡時期，全國每年的賦稅總收入不滿千萬，其中市舶佔了百分之二十左右。[②] 宋高宗直接説：「市舶之利最厚，若措置得宜，所得動以百萬計，豈不勝取之於民？」

到了朱元璋建立明朝，沿海地區長期受到海盜和倭寇的襲擾，明朝實施了飲鴆止渴的做法——「片板不得下海」，停止了一切對外貿易。直至明朝中期的嘉靖年間，戚繼光等人大力肅清倭寇，海貿才又重新開始恢復。

① 《宋史·食貨志》，中華書局，2008 年。

② 《宋會要輯稿》，河南大學出版社，2008 年。

清朝最初並不禁海，後來為了防止沿海民眾接濟台灣反清勢力而實行海禁，甚至將沿海居民內遷三十至五十里。1683 年，台灣收復，康熙設立閩、粵、江、浙四海關，分別管理對外貿易事務。

1755 年，因東印度公司多次違反清廷禁令，數次嘗試在四大口岸之外的中國北方地區開闢新的港口。這種行為引起了乾隆皇帝的警覺，擔心葡萄牙侵佔澳門的遭遇重演，於 1757 年下諭，只准粵海關對外洋通商，史稱「一口通商」（Canton System）。通商條例中對航海商人的船隻大小、載運貨物、航海人數、商務活動，甚至居住處所、貿易期限、進出口貨物等方面都規定了許多禁例。

截至 1840 年鴉片戰爭，粵海關的貿易總額不斷上漲。根據魏源《海國圖志．籌海篇》記載計算，清光緒十四年（1837 年）由粵海關進口的商品總值為 2014 萬元。年出口商品總值為 3595 萬元，是 1755 年的十餘倍。

黃埔古港

明清之後，廣州的扶胥港淤積情況愈發嚴重，扶胥港西邊的黃埔港（今海珠區黃埔村）逐漸在海外貿易中扮演愈來愈重要的角色。

1685 年，清政府設粵海關，凡外國商船來廣州，須在澳門領取牌照，由引水員導入黃埔村停泊並開倉驗貨，再由駁船接入廣州城。黃埔港正式替代了扶胥港成為廣州新的外港。1757 年，廣州成為唯一合法對外的貿易口岸，黃埔港再次得到迅速發展的機遇。除粵海關黃埔掛號口、夷務館、稅務館之外，買辦館、商館、民宅、祠堂等建築也鱗次櫛比，商貿往來非常頻繁。

▼ 黃埔古港中的粵海第一關

▲ 黃埔古港粵海關的模擬報關場景

據《黃埔港史》記載，清乾隆二十三年（1758 年）來廣州的外國船舶是九艘，至清道光十七年（1837 年）達到 199 艘。八十年間停泊過黃埔古港的外國商船達到了 5107 艘。

近代因河道堵塞變窄，古港遷至長洲島，新港口仍然沿用了黃埔港之名。

▲ 粵海關丈量商船徵稅圖（攝於廣州十三行博物館）

十三行

●●明清時期開海通商政策多變，時開時關。1685 年，康熙皇帝實行「開海貿易」政策，在東南沿海設立粵、閩、江、浙四大海關，作為管理海上對外貿易的行政機構。粵海關地位重要，專設監督一人。隨着日益頻繁的國際商業交往，中國歷史上最早的官方外貿專業團體——廣州十三行應運而生。

「十三行」一詞緣起明代的月港：涵蓋經營珠寶、棉布、瓷器、絲綢、箍（豆餅）、鑄鼎、糖、絲線、魚、紙、茶、造船等十三種行業。但這裏的十三行並不確實是十三家商行，也會根據需要增減。清廷指定十三行與洋船上的外商做生意並代海關徵繳關税，是具有半官半商性質的外貿壟斷組織。

1757 年，乾隆皇帝下諭廣州的粵海關一口對外通商，廣州十三行成為清帝國唯一合法的對外貿易特區。直至鴉片戰爭為止，廣州洋貨行獨攬中國對外貿易長達八十五年。

不僅僅是特殊的商貿之地，十三行還是宮廷所需各類人才的中轉站和奇異洋貨的供應地。每當洋船泊靠，隨船而來的西洋人便會被安排到十三行商館內的天主教堂學習漢語，肩負皇命的廣東大吏，將其中的頂尖人才舉薦進宮，成為引領宮廷製造業的主力。

同時作為對外貿易的物流中心，十三行在承銷洋貨的同時，還負責採辦出口絲茶，為外商提供倉庫住房，代僱通商工役等事。同時還為皇家生活提供了大量的珍奇洋貨。地方大吏競相進獻西洋物產給天子，以博皇帝的歡心。

外貿的壟斷創造了驚人的財富，十三行商人興建起規模宏大、雍容華麗的私家園林，包括潘家花園、伍家花園、海山仙館在內的眾多名園，被稱為「行商庭園」。它們不僅是嶺南園林的巔峯之作，還引發了清代時期歐洲各國模仿「中國式」園林的盛況。

十三行也曾創造出中西合璧的商貿文化。為了便於外商開展商務，洋行商人在行棧區另闢了一片供洋人經營、居住的商館，被稱為「十三行夷館」。各國夷館在外觀建築、室內裝飾及生活方式上都帶有各民族風格。這裏儼然是一個世界商務機構的博覽會，與十三行中國商館遙相對映，構成了一幅中西合璧的人文景觀。

由於中國出口的商品非常受歐洲人追捧，使得中國維持了一百年以上的貿易順差地位。全球的白銀源源不斷地流入中國，而讓歐洲出現了貴金屬貨幣的短缺。英國東印度公司為了獲取白銀，另走貿易歪道，向中國走私鴉片，試圖扭轉與中國的貿易不平衡。

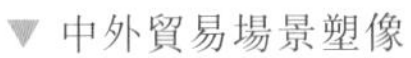
▼ 中外貿易場景塑像

第七章・海貿印記

十三行的覆亡

●●鴉片戰爭之後，清朝的國力也隨之崩塌。相應的，廣州的行商體制也因為「條約體制」而逐漸出現貨物積壓等狀況。由於行商之間有相互擔保的制度，故而出現第一個破產的行商之後引發了連鎖的財務危機，體制弊端愈發顯露，行商破產愈來愈多，十三行已處於迅速滑落的階段。

1856 年 12 月，時任侵華英國海軍艦隊司令的海軍少將麥可·西摩爾爵士（Michael Seymour）下令拆毀十三行商館北面和東面的中國民房與店鋪。12 月 14 日深夜，被拆毀的中國店鋪廢墟突然起火，向十三行蔓延；15 日燒及美、法、英國等夷館。在此次大火中，十三行商行和外國商館幾乎徹底化為灰燼，以至於現在的「十三行」僅僅成為一個街道名。

▲ 繪於 1850 年的十三行舊貌（攝於廣東省博物館）

世界貿易中緊俏的「中國貨」

●●在傳統貿易中，中國的絲綢、陶瓷、茶葉、銅鐵器是國際市場的重要商品，然而進入清朝後，傳統四大商品的影響力卻在下降。這一時期絲綢在西方已經能生產，茶葉已經在印度生產，銅鐵器西方也開始逐漸領先，中國僅有陶瓷還保持競爭力。

外銷瓷

中國外銷瓷的生產和貿易歷史悠久。在明末到清中期時期，景德鎮成為中國外銷瓷的主要產地，其生產的瓷器開始大規模銷往歐美市場，逐漸成為參與全球化進程的「世界商品」。

明末清初，中國瓷器因禁海政策而出口中斷，荷蘭東印度公司希望用日本瓷器代替中國瓷器以滿足歐洲市場的需求。由於日本出口到歐洲的精品瓷器均從伊萬里港口出運，故被歐洲通稱為「伊萬里瓷」。1683 年，清廷收復台灣，海禁政策逐步放鬆。中國製瓷出口逐漸恢復，但日本「伊萬里瓷」已經在歐洲大受歡迎。為了爭奪市場，中國製瓷者開始仿製「伊萬里瓷器」，不僅仿得惟妙惟肖，在裝飾水準和瓷質上甚至優於日本瓷器，而且中國生產規模龐大，價格比日本的要便宜很多。一段時間下來，日本瓷器競爭不過中國瓷器，在持續外銷了約一百年後，最終在 18 世紀中葉退出了國際市場。

◀ 伊萬里瓷器

▲ 中國仿製的青花礬紅描金柳亭八角盤

▲ 18 世紀青花山水圖茶具（克拉克）

隨着商業交流的深入，瓷器上的裝飾圖案在中國風格的基礎上為迎合海外消費者需求做了適度改造，構圖呈幾何形，畫面充實整齊，看起來充滿異國情調，被稱為「克拉克瓷」。再往後，出現了歐洲人自主設計圖案的訂單外銷瓷，這些外銷瓷又反過來影響了中國瓷器的風格。

另外，中國瓷器漂洋過海到歐洲就成了奢侈品，當地能用得起瓷器的人非富即貴。在昂貴的瓷器上畫上家族或組織的徽章，成為歐洲貴族炫耀家族地位的慣常做法，故而紋章瓷也成為了外銷瓷的大宗。

清代雍正年間，隨着中國對外商業貿易和文化交流的發展擴大，各類瓷器從廣州出口增多，為了適應外銷市場需要，江西景德鎮部分釉上彩繪瓷器移至廣州加工生產。釉上彩和廣州的燒青藝術（銅胎瓷琺瑯）相結合，出現了融合中西的廣彩瓷器。

▲ 紋章瓷（廣州十三行博物館藏品）

▲ 廣彩人物紋小天使銅座大碗（廣州十三行博物館藏品）

廣彩的裝飾風格是構圖豐滿、密難行針、緊而不亂，猶如萬縷金絲織於白玉之上。它的另一個重要的裝飾特點是滿地加彩，不漏白胎對比強烈。用金和黑的色調壓住原色，這種統一色調的傾向和滿地加彩的裝飾方法迸發出金碧輝煌的藝術效果，大受歐洲市場歡迎。

外銷瓷將東西方的文化審美融會貫通，成為多民族、多宗教、多習俗、多文化共同參與創造的商品載體。

卜瑞斯扇

象牙雕刻是廣州的傳統優勢技藝，早在兩千年前的南越王墓中就出土過象牙器物。清康熙海禁以後，廣州成為對外貿易的唯一港口，使得東南亞等地的象牙大量輸入廣州，這種得天獨厚的地位，為牙雕工藝提供了充足的原料，工藝水準遠遠超過了其他地方，成為全國之冠。

這個時期廣州出現了一種以透雕象牙為材質的扇子產品，單面採用淺浮雕技法，雕刻出市井百態，佈局繁而不亂，刀法圓潤流暢，器壁薄如蟬翼。因為象牙材質難得，廣州牙雕工藝又格外精湛，這種產品迅速成為風靡歐洲的「霸主」級產品，是歐洲貴族送禮和收藏之必備佳品，被稱為「卜瑞斯扇」。

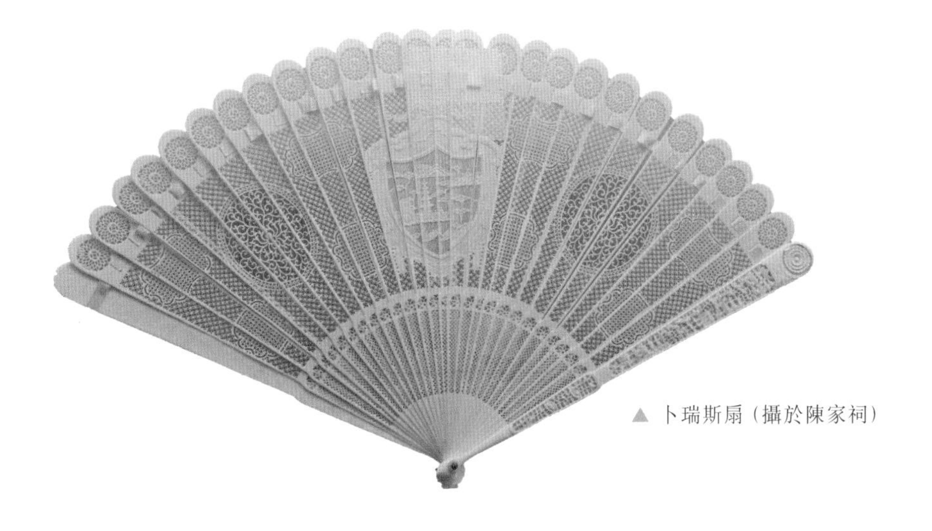

▲ 卜瑞斯扇（攝於陳家祠）

通草畫

通草紙由通草製作。一般是把兩年生的通脱木的髓脱出，然後用刀具切成薄厚一致的通草紙片。通脱木是一種莖幹細、葉子形似蓖麻葉的植物。由於切割的樹莖尺寸限制，通草紙的尺幅一般不超過 30 平方厘米。通草紙雖小，卻非常適合水彩畫運色着墨。用高倍顯微鏡觀察通草紙，會發現植物細胞呈蜂窩一般的六邊形結構。當水彩運用到質感豐富的通草紙上時，光經過細胞壁的折射，顏料就能在紙上呈現斑斕繽紛的效果，華麗且價格低廉，更可媲美漆器或刺繡，因此很受畫師喜愛。

通草畫看似簡單，但繪畫內容多為定制，經過上色、晾乾、再上色、再壓平，一般需要一個月之久。

18 世紀先後有不少西方畫家來到廣州作畫，影響了當地職業畫師的描畫技巧。這些掌握了西方繪畫技法又熟悉本地風土人情的廣州畫師，專畫符合西方人口味的畫銷往海外。題材以反映清末的社會生活場景和各類人物為主，諸如官員像、兵勇像、雜耍圖、紡織圖、演奏圖等。作品造型生動，色彩濃豔，人物刻畫惟妙惟肖，成為外國人了解東方帝國的方式之一。

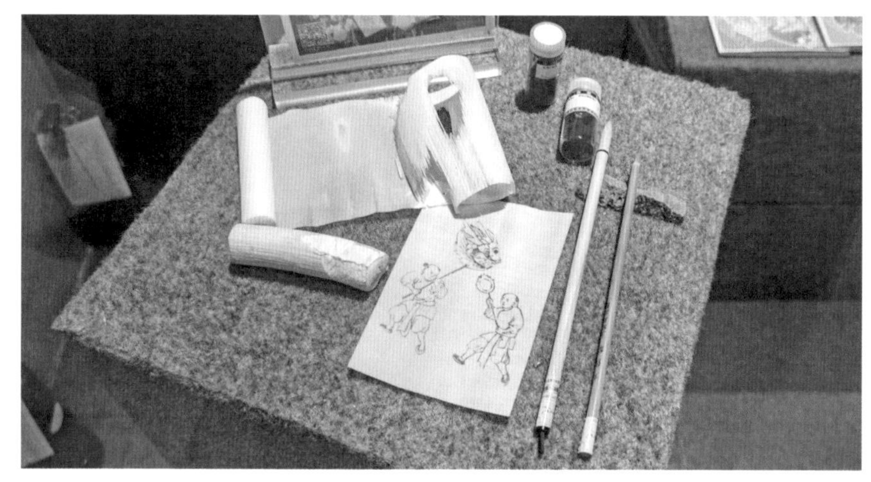

▲ 通草畫原材料（南越王博物院　臨展）

漂洋而來的商人、旅行者、傳教士在廣州口岸進入中國後，覺得這些通草畫稀奇有趣，聊作旅遊手信，用以展示異域風情。更有商人成批選購運回國出售，成為一條財源。1835 年 10 月出版的《中國叢報》記載：「在十三行附近有三十餘家店鋪出售通草紙水彩畫冊，有兩三千人受僱製作這些畫。」足見當時通草畫規模已相當之大。1848 年，一位外國遊客在遊記中記錄了他在廣州曾僱用了兩三千人製作通草畫的「壯舉」。

隨着照相技術的普及，通草畫很快走向衰落，以致近乎絕跡。

▲ 貴婦乘轎通草畫（廣州十三行博物館藏品）

▲ 街頭理髮通草畫（廣州十三行博物館藏品）

西學東漸

西學東漸是指西方政治、經濟、軍事、文化、宗教、哲學等各種學説傳入中國的歷史過程，這個提法是近代容閎首先提出的。西學東漸最早開始於明朝萬曆年間，以意大利傳教士利瑪竇來華為標誌，此外還有湯若望等人來華傳教。這些遠來的傳教士一般掌握着當時歐洲的先進學識，他們交往的主要是朝廷和士大夫。傳教士為了籠絡朝廷，送給明朝很多當時歐洲最好、最先進的產品，比如精美的玻璃製品、自鳴鐘等。

明朝科學家徐光啟與傳教士一起翻譯了《泰西水法》，把歐洲先進的水利技術和工具介紹到中國。利瑪竇和徐光啟還把歐洲的幾何學著作《歐幾里得原本》翻譯到中國，我們今天幾何學中的鈍角、鋭角等名詞都來源於他們的著作。當時的歐洲正經歷着「文藝復興」運動，思想、文化、科技、藝術等蓬勃興起，特別是天文學和物理學，正經歷着劃時代的革命。只可惜倭寇入侵，荷蘭人佔領台灣、葡萄牙佔領澳門等事件讓大明開始推行海禁政策，終止了中外往來。

隨後滿清入主華夏，天朝上國的傲慢只將西方當做蠻夷，但是民間交流卻在廣州日益頻繁，作為「窗口」的十三行更是如此。外貿傳統，孕育了洋行商人較為開闊的視野、廣博的見識，他們從商務與時代的需求中最早地接受了外面的世界。許多行商都能以流利的英語與外商打交道，洋行還設有從事外語翻譯的專業人員。各國夷館在外觀建築、室內裝飾及生活方式上都帶有各民族風格，構成了一幅中西合璧的人文景觀。

到了鴉片戰爭時期，一些思想先進的中國人認識到了解世界的重要性。林則徐主持編撰了一部介紹世界地理的《四洲志》，魏源根據《四洲志》編寫了一本介紹西方地理、歷史的《海國圖志》。魏源編寫《海國圖志》的目的是「師夷長技以制夷」，學習西方的先進文化技術來抵制西方的侵略。林則徐被譽為中國近代「睜眼看世界」的第一人。

於是乎，西風東漸逐步影響中國。從林則徐等人睜眼看世界，到洋務運動、維新運動、新文化運動，中國浴火重生。當下中華文化以無比開放、無比包容的姿態，歡迎世界各國的交流。

▲ 利瑪竇和徐光啟像（意大利羅馬國家中央圖書館藏）

沙面
——廣州的租界

●●沙面原本是珠江沖積而成的沙洲，在宋元時期為中國國內外通商要津。明朝時在這裏設立華節亭，管理外商貨物進出，清朝中期在這裏設立了護衛廣州的西固炮台。

1856 年，英法聯軍發動第二次鴉片戰爭。次年英法聯軍侵犯廣州，直至 1858 年大沽失陷，清政府簽訂了喪權辱國的《天津條約》後，廣州仍被英法兩國佔據。1859 年為解決此事，英國強迫清政府在沙面北面，用人工挖一條寬 40 米、長 1200 多米的小湧（即今沙基湧），與陸地分開，使沙面成為一個小島。又迫令清政府拆除沙面沿岸各炮台，將防城炮及炮台基石投入江中，並加填沙礫土石，修築堤岸，作為他們居住、經商之地。這一工程耗費達白銀二十多萬兩，全部由清政府撥款開支。1861 年 9 月 3 日，英法兩國又強迫清政府簽訂《沙面租借條約》，規定沿沙面河湧寬 90 英尺，貼近沙面的 45 英尺範圍屬於沙面租界，中國船隻不能停泊。

沙面租界大規模建設的 1860 年代至 1940 年代，正是西方建築思潮極為活躍的時期，各种建築理念完整地投射到了沙面建築羣上。島上的一百五十多座建築中，充滿了新巴洛克式、仿哥德式、券廊式、新古典式及中西合璧式的建築風格，成為廣州最具異國情調的歐洲建築羣。

▲ 今日的沙基涌

這些建築中，有領事館、教堂、銀行、郵局、電報局、商行、醫院、酒店和住宅，也有俱樂部、酒吧、網球場和游泳池等，無不設置齊全。諸如亞細亞石油分公司、美孚石油分公司、德士古公司、怡和洋行、太古洋行、屈臣氏藥房及汽水廠、英美煙草公司；德國的瑞記洋行、高枝洋行、吻嗜氏洋行、些喇氏洋行；英資的香港滙豐銀行、法國東方匯理銀行、萬國銀行等大家耳熟能詳的企業都在此設立了分支。

原滙豐銀行／美孚石油公司舊址

持证车辆除外

▲ 原太古洋行舊址

▲ 沙面堂

▲ 沙面大街

▲ 19 世紀 60 年代的沙面

▲ 1930 年沙面島的高空圖

廣州三塔

廣州的逐漸繁華、十三行的商貿的崛起，是依託珠江水運的便利。遠渡重洋的商船由獅子洋進入了珠江，三座建於明代的地標性建築一一映入眼簾，成為了商旅對中國的「初印象」。這三座地標就是著名的「廣州三塔」——蓮花塔、琶洲塔和赤崗塔。

蓮花塔

蓮花塔建於番禺區的蓮花山上，是獅子洋西岸的制高點，從伶仃洋進珠江的船隻，均視蓮花塔為進入廣州的航標，因此這座高約 50 米，外觀九層的蓮花塔也被譽為「省會華表」。

珠江西畔的蓮花塔

琶洲塔

船隻從蓮花塔再行駛，就會見到琶洲塔。琶洲塔下的江面曾經很開闊，是外商船隻停泊地——黃埔泊地。每年八九月，外船駛進這裏停泊交易，次年的二月，才會乘着吹東北信風時離開。長達五個月的駐泊，讓琶洲塔也成為了西方人認知中的「廣州地標」。

▲ 位於廣州市海珠區的琶洲塔

赤崗塔

坐落在廣州市海珠區一紅砂岩山崗上的塔被稱為赤崗塔，它本建在珠江水道之中，後來因周圍逐漸被填為「桑基魚塘」而成今日狀態。它最大的特點是塔基八角均鑲有16世紀西方人形象的托塔力士，神態生動，是廣州明代石雕佳作，也是研究明代廣州與海外貿易文化交流的重要實物證據。

琶洲塔和赤崗塔相距不遠，就連修建時間也只相差二十餘年。從外觀上看，兩者相差無幾。結構上也都是穿心繞梁平坐式，需要盤旋才能登頂。兩塔的塔基轉角雕有托塔力士，明人服飾但異域容貌，是中西文化融合的見證。

▲ 赤崗塔基的「西人力士」

▲ 琶洲塔的「托塔力士」

和廣州塔古今輝映的赤崗塔

五羊銜穀・南國名都

小白楊工作室 / 策劃

陳萬雄 / 主編　劉集民 / 編撰

責任編輯　余雲嬌　楊紫東
裝幀設計　Sands Design Workshop
排　　版　Sands Design Workshop
印　　務　劉漢舉

出　　版　中華教育
香港北角英皇道 499 號北角工業大廈 1 樓 B
電話：(852) 2137 2338　傳真：(852) 2713 8202
電子郵件：info@chunghwabook.com.hk
網址：http://www.chunghwabook.com.hk

發　　行　香港聯合書刊物流有限公司
香港新界荃灣德士古道 220-248 號
荃灣工業中心 16 樓
電話：(852) 2150 2100　傳真：(852) 2407 3062
電子郵件：info@suplogistics.com.hk

印　　刷　新精明印刷有限公司
香港香港仔大道 232 號城都工業大廈 10 樓

版　　次　2024 年 7 月第 1 版第 1 次印刷
©2024 中華教育
規　　格　16 開（230mm x 160mm）

I S B N　978-988-8862-02-3